KiWi
639

Über das Buch

»Als ich sah, wie Hanna Flanders sich ins gleißende Licht stürzte, wußte ich, dass vieles mehr geschehen würde. Nicht nur, dass Hanna Flanders nach eines langen Tages Reise in die Nacht wohl im Himmel gelandet war – nein – etwas Überraschendes war geschehen. Hannelore Elsner kam in den Olymp der großen Diven. Und ein großer, neuer, deutscher Autor und Regisseur war auf einmal da.

Wer, außer Ingmar Bergman, hat jemals so eindringlich von Wortlosigkeit, paranoider Isolation und verlorenem Glauben in so poetischen Schwarz-Weiß-Bildern erzählt? Als ich das letzte Mal ›Die Unberührbare‹ im Flugzeug nach New York auf Kleinstbildschirm-Format sah, empfand ich die kafkaeske Ausweglosigkeit und die ›Befreiung‹ am Ende der Geschichte noch einmal in aller Intensität.

In New York hatten mich Freunde oft gefragt: ›Warum erzählt ihr Deutschen uns in euren Filmen eigentlich nicht eure eigenen Geschichten?‹ Oskar Roehler ist eine authentische, deutsche Geschichte gelungen – endlich ohne Kalkül, kompromisslos, voller Würde und von verstörender Schönheit.«

Wolfgang Joop

Das Drehbuch von Oskar Roehler ist nicht nur die kongeniale Vorlage zu einem Film, der schon jetzt Geschichte geschrieben hat, sondern selbst von großer literarischer Qualität.

Das Buch enthält außerdem Original-Beiträge von Hannelore Elsner, Oskar Roehler und Günter Blamberger, Materialien zur Rezeption des Films und einen ausführlichen Abspann mit den Filmographien der am Film Beteiligten.

Der Autor

Oskar Roehler wurde 1959 als Sohn der Schriftstellerin Gisela Elsner und des Schriftstellers und Verlagslektors Klaus Roehler geboren. Er wuchs in London, Rom und Nürnberg auf. Seit Anfang der 80er Jahre lebt Roehler in Berlin, arbeitete zunächst als freier Journalist und Autor. 1984 erschien bei Luchterhand der Erzählband »Das Abschnappuniversum«. Seine Filmkarriere begann Oskar Roehler als Drehbuchautor. Er drehte u.a. die Filme »Silvester Countdown«, »Gierig«, »Latin Lover« und nach »Die Unberührbare« »Suck my Dick«.

Oskar Roehler

Die Unberührbare

Das Original-Drehbuch

Mit einem Vorwort von Hannelore Elsner
und Beiträgen von Oskar Roehler
und Günter Blamberger
sowie Rezensionen und Materialien

Kiepenheuer & Witsch

Originalausgabe
1. Auflage 2002

Umschlaggestaltung: Barbara Thoben, Köln
Umschlagfoto © Christian Schulz
Bildrechte: e-m-s new media
Bildrechte S. 4, S. 24 u. S. 95 unten: Christian Schulz
Satz: Kalle Giese, Overath
Druck und Bindearbeiten: Clausen & Bosse, Leck
ISBN 3-462-03039-6

Inhalt

Hannelore Elsner
»Ich finde, die Rollen müssen *mich* finden«

Ich bin süchtig nach Wahrhaftigkeit. Einen falschen Ton kann ich nicht ertragen. Ein verlogenes Lächeln kann mich zur Furie machen. Das verbindet mich mit Hanna Flanders, der »Unberührbaren«, und ihrem Vorbild, der Schriftstellerin Gisela Elsner. Gisela Elsner kommt aus dem katholischen Bayern, wie ich, sie ging zur Klosterschule, wie ich. Da wird man entweder Klosterschwester oder Anarchistin, man bekommt einen ausgeprägten Freiheitsdrang. Als ich das Drehbuch zum ersten Mal gelesen habe, habe ich sofort begriffen, was für ein Schatz das ist, was für ein Kleinod. Ich wußte sofort, das ist mein Drehbuch. Hier mußte ich kein Wort ändern, nichts nach meinem Blick zurechtmachen, keine Figur erfinden, deren Erfahrungen ich nicht in mir vorfinden konnte. Ich meine nicht die Erfahrungen der Tablettensucht, unter der Hanna leidet, sondern die Erfahrungen des Schmerzes, der Enttäuschung, der Desillusionierung, die schwer auszuhalten sind. Ich war unendlich dankbar, daß man mir so ein Drehbuch angeboten hatte. Ich fühlte mich erkannt, und das war für mich das allerschönste. Daß so ein Buch so spät zu mir gekommen ist, das ist einerseits ein Glück und andererseits auch traurig. Natürlich schmerzt es, daß man so lange auf eine Traumrolle warten muß, daß es an Kontinuität fehlt im deutschen Film. Daß man, wenn man gut ist, zu wenig Chancen für eine gute Rolle bekommt und einen Film, in dem alles stimmt.
Gisela Elsner habe ich persönlich nie kennengelernt, ich hatte von der schönen Schriftstellerin, der »schreibenden Cleopatra« gehört, Mitte der 60er Jahre, hatte ihren Roman »Die Riesenzwerge« gelesen und später »Abseits«, das Buch über den Selbstmord ihrer Schwester. Als ich Oskar Roehler zum ersten Mal traf, schaute er mich an und sagte: »Aber du bist so leben-

dig, so geschmeidig, meine Mutter war so steif und verhärtet.« Ich habe ihm geantwortet: »Ich bin Schauspielerin, ich kann das spielen.« Eine Tablettensüchtige kann nicht entspannt dasitzen. Wenn man starr ist, zieht man automatisch die Schultern hoch, alles wird eng. Ich mußte mich abends nach dem Drehen immer ausschütteln.

Ich wollte aber nicht Gisela Elsner nachspielen, ich wollte Hanna Flanders für mich neu erfinden, in mir finden. Ich habe mir deshalb lange überlegt, wie sehr ich mich auf die wirkliche Gisela Elsner einlassen soll. Ich hatte Fotos, Zeitungsartikel, Ausschnitte aus einer Talkshow mit ihr und eine WDR-Dokumentation über sie. Erst zwei Tage vor Drehbeginn habe ich mir alles ganz kurz angeschaut, ganz selektiv, um meine Vision von Hanna Flanders nicht zu stören. Einige aus dem Filmteam, es war ein sehr junges Team, sagten immer, daß sie eine alte, böse, kaputte, halsstarrige Frau sei. Die wollte ich nicht spielen. Ich hatte eine andere Vorstellung von ihr. In der WDR-Dokumentation über Gisela Elsner gibt es ein Bild, wie sie in London, ganz jung, mit 24 oder 25 Jahren, aus der U-Bahn kommt, scheu in die Kamera guckt und dann mit einem leichten Lächeln die Augen niederschlägt und weitergeht. In diesem Augenblick habe ich mich in sie verliebt. Da habe ich ihr Herz gesehen, dieses Zarte, Beschützenswerte und Verletzbare. Das wollte ich zeigen. Gisela Elsner ist oft verletzt worden, sie hat sich nie angebiedert, sie wurde später als Schriftstellerin einfach fallengelassen. Von den Auszeichnungen, die sie bekam, hieß es hinterher: Ja, die hat sie gekriegt, weil sie so schön ist, unsere schreibende Cleopatra. Es ist damals nicht so einfach gewesen, einerseits einen intellektuellen Anspruch zu haben und andererseits die schöne Frau zu sein. In einem Interview, das Gisela Elsner in den 70er Jahren gegeben hat, als sie aus London nach Deutschland zurückgekehrt ist, sagte sie, man könne hier eigentlich überhaupt nicht überleben. Es sei hier kein Platz für sie frei. So wurde sie zur gnadenlosen Polemikerin, ideologisch völlig fixiert. Ich habe Hanna Flanders aus dieser Erstarrung zu lösen versucht. Ich wollte sie gern haben. Für mich ist sie keine böse, alte, realitätsblinde Frau, sondern, wie Günter Herburger einmal über Gisela Elsner gesagt hat, eine Prinzessin, eingenäht in Echsenhaut, die sich irgendwann einmal ihre eigene Welt geschaffen hat und darin verharrt ist. Sie hat etwas unglaublich Kindliches und dabei wahnsinnig Schönes. Eine Prinzessin bleibt immer jung und unabhängig. Sie hat keine emotionalen Bindungsfesseln, keine Verantwortung. Sie ist niemandem etwas schuldig. Sie hat nichts zu verlieren. Sie ist frei.

Hanna Flanders läßt sich nicht demütigen, das wollte ich darstellen. Sie ist ohne Vorurteile, ganz unvoreingenommen. Das zeigt auch die Szene mit dem Callboy. Sie ist unverschämt, buchstäblich, ohne Scham, sie traut sich was und ist eben nicht verlogen. Sie glaubt, was man sagt, und meint, was sie sagt. Das unterscheidet sie von den Papa-Männern wie dem Verleger oder dem Lehrer in der Kneipe und deren bloßem Gerede. Man sieht ihre manchmal anrührend kindliche Hoffnung, die immer wieder enttäuscht wird, in jeder Begegnung. Wenn sie ihre Familie besucht, ihren früheren Mann, berührt werden will und als Unberührbare geht, um nicht weiter verletzt zu werden. Und sie geht ohne Vorwürfe, sie lamentiert nicht.

Dazu gehört Mut, Klarheit. Ohne Kompromisse zu sein und dafür als Kriegerin durch die Welt zu ziehen. Ihr Make-up ist eine Kriegsbemalung, ihre Perücke eine Rüstung. Sie will provozieren, auffallen, will die Feinde anlocken. Sie versteckt sich hinter dieser Maske, schaut die anderen an und demaskiert sie. Der Blick der Hanna Flanders ist nicht böse, nicht wahnsinnig, nur genau. Die Raketen, die am Anfang des Films beim Jubel über den Mauerfall 1989 in den Himmel steigen, sind für Hanna Flanders Blendwerk, sie sieht die Wühltische in den Kaufhäusern dahinter, die Sehnsucht nach Coca Cola, Bananen, Westtampons. Da beschließt sie zum ersten Mal zu sterben, aber das wäre zu einfach, sie muß auf ihrer Reise durch Deutschland erst

erfahren, daß die Welt überall aus den Fugen ist, im Westen wie im Osten.
Die Verzweiflung der Hanna Flanders ist ausweglos, ihren Selbstmord sehe ich als Freitod. Als eine Entscheidung, ganz selbstbestimmt. Der Film zeigt aber auch andere Lösungen, sich zu befreien. Kleine Gesten der Menschlichkeit, vor allem zwischen Frauen. Versuche, Hanna, die keine Heimat hat, ein Zuhause zu geben, wenn auch nur vorübergehend. Aber Hanna genügt das nicht. Sie geht zugrunde, weil sie den Dingen allzusehr auf den Grund geht. Wenn man nur auf das Furchtbare in der Welt schaut, geht man daran zugrunde. Sie hatte nicht die Fähigkeit, woanders hinzuschauen – oder ihren Blick zu ändern. Sie konnte all die scheinheiligen Menschen nicht ertragen, sie wollte niemandem zur Last fallen. Sie war ein Alien, und wenn man kein anderes Alien trifft auf dieser Welt, muß man allein bleiben.
Ich wollte, daß man dem Gesicht von Hanna Flanders alles ansieht, ihr Schicksal, ihr Leben: Kraft, Mut, Überleben, Freude, Schmerz, Elend, eben alles. Ungeschminkt, nicht mit dem Mut zur Häßlichkeit, sondern mit dem Mut zur Wahrhaftigkeit. Ohne mein Leben hätte ich das nicht spielen können. Ich bin genauso direkt wie Hanna Flanders, genauso verletzbar, nur passe ich ein bißchen besser auf mich auf. Ich habe auch diesen ganz genauen, bestimmten Blick wie sie. Ich sehe auch das »Monströse im Alltag«, und das erschreckt mich. Aber ich schaue schneller wieder weg. Das muß man sich beibringen. Man muß auf sich aufpassen. Es ist leichter, diese Erfahrungen zu spielen als sie zu leben.

Oskar Roehler
»Ein freies Strömen der Gedanken«

Wenn man Regisseur ist, der nicht nur die geläufige Fernsehware produziert, wird man irgendwann mal an den Punkt kommen, wo man sich über den Sinn und die Funktion von Bildern Gedanken macht. Was sind eigentlich Bilder?
Bilder sind Eindrücke, Wahrnehmungen, die den Horizont erweitern, weil ein Sinn hinter ihnen steckt, den man so noch nicht entdeckt hat, die eine Ausstrahlung haben, die neu ist, die einen beeindruckt. Bilder sind Dinge, die man wahrnimmt, bevor das Denken einsetzt.
Eine Folge von neuen, unerwarteten Bildern zögert sogar oft das Denken heraus, und man genießt es. Sofort ein Bild in einen Gedanken zu fassen, würde bedeuten, es zu stutzen, es zu verkleinern, es sofort seinem Denken anzupassen, während es viel schöner ist, es unbewußt in der Imagination wachsen zu lassen, so daß ein freies Strömen der Gedanken entsteht, ein Gefühl neugewonnener Freiheit des eigenen Denkens, wie man es spürt, wenn man reist und neue Plätze entdeckt, die das Auge vorher nie gesehen hat.
Eine fremde Landschaft zu entdecken, befreit einen von den Regeln und Alltäglichkeiten des Denkens, wie man sie in der Sicherheit der Alltäglichkeit wiederfindet. Es bedeutet neben der Schönheit, die man im Großen sieht, oft im Detail, wenn man genauer hinsieht, eine Gefahr für Leib und Leben. Ein Ding, ein Bild, das noch nicht in unserer Erfahrung kategorisiert ist, bleibt janusköpfig, enthält Gut und Böse, Schönheit und Gefahr. Man weiß nicht, ob die Libelle, die so bunt über dem See schillert, einen tödlichen Stachel hat. Genauso wenig weiß man, ob jenes warme, einladende Gewässer wirklich zum Baden geeignet ist oder ob man sich darin Krankheiten holt, noch was sich darin verbirgt.

Das Bild erweckt unsere Sehnsucht und unsere Furcht. Es ist gleichermaßen einladend wie geheimnisvoll. Sobald man anfängt, Fragen zu stellen, tauchen automatisch Regeln auf. Es wird einem erklärt, daß sich in dem ruhigen See Krokodile befinden, daß man dort nicht schwimmen gehen darf, weil aus der Stadt Abwässer hineingeleitet werden. Mit jeder beantworteten Frage, mit jeder Erklärung verliert das Bild an Geheimnis. Wir kategorisieren es, fügen es mit den anderen Bildern zu einem Puzzle zusammen, um uns darin zurechtzufinden. Wie der Säugling, der langsam seine Sinneswahrnehmungen einzuschätzen lernt, wie das Kind, das langsam erwachsen wird, verlieren wir mit der Erkenntnis die Unschuld des Bildes und somit dessen Faszination.

Ein Regisseur hat die Aufgabe, eine Reihung von Bildern zu schaffen. Eine Reise ist eine Folge unentwegter Eindrücke, die an uns vorbeiziehen. Sie schalten das Gehirn langsam aus und versetzen uns in einen tranceähnlichen Zustand, in dem Vergangenheit und Gegenwart, erlebte Eindrücke und Wahrnehmung des Auges zusammenschmelzen wie Folien, die man aufeinandergelegt hat. Ähnlich ist es mit den Überblendungen und Doppelbelichtungen beim Film, die uns aus der Wirklichkeit des Helden in seine Träume und seine Vergangenheit führen.

Um neue, unbekannte Bilder freizusetzen, bedarf es den Mut, durch neue Erfahrungen an die eigenen Grenzen zu gehen. Altbewährte Systeme werden dabei in Frage gestellt, an deren Moral man sich lange festgehalten hat. Es bedarf dabei einer Art Exorzismus, bei dem man sich Dinge austreibt: Bequemlichkeit, Routine, Sicherheitsdenken, Vorurteile, Karriere, Materialismus, sozialer Status, Privilegien.

Dies sind die Quellen, die uns zu einem zweckgerichteten Blick verdammen, der uns die Phantasie raubt, deren Grundlage Selbstlosigkeit ist.

Dies sind Quellen unserer Gefangenschaft, deren Schädlichkeit uns schleichend vergiftet, die uns den Sinn für das Wesentliche

nehmen, uns krank machen, ohne daß wir es merken, die uns die Bilder, das heißt die Möglichkeiten zur Schönheit der Welt abtöten.
Ich bin davon überzeugt, daß die Krankheit Krebs eine Hauptursache in einem immobilen Lebenszustand hat.
Bilder hingegen überraschen uns mit einem unmittelbaren Gefühl: Sie rühren uns zu Tränen, sie jagen uns Angst ein, sie erzeugen Ekel oder kindliche Freude. Ein Film ist eine Geschichte, die in Bildern erzählt wird. Das ist auch seine Tragik und sein Problem. Indem man Bilder auf Zelluloid bannt, nimmt man ihnen alle sinnlichen Dimensionen bis auf die optische und akustische. Bilder können einem nur das geben, ›was sie wirklich sind‹, wenn man selbst in ihnen steht, das heißt, die Sonne zu spüren, die auf einen fällt, das unmerkliche Wandern der Schatten, die Stille einer Morgendämmerung, in der die Kühle des angehenden Tags langsam verschwindet, und unzählbare andere Details, deren Registrierung es aller Sinne bedarf, während wir im Kino nur zwei bedienen, Auge und Ohr.
Vielleicht ist es die Tragik unserer Bilder heute, daß man sie zu lange schon auf Zelluloid gepreßt hat, so daß sie einen kaum noch überraschen können, geschweige denn ein sinnliches Ereignis hervorrufen. Es sind industrielle Bilder geworden, genauso perfekt funktionierend wie ein Mercedes Benz. Immer mehr Spannung, produziert durch Variation und Potenzierung der vorherigen Dramaturgie.
Die Leinwand ist vor uns. Wir sind nicht in den Bildern, sondern sitzen vor ihnen, sämtlicher wesentlicher Wahrnehmungen beraubt. So können sie immer nur Anklänge dessen bleiben, was sie eigentlich darstellen, können – anders als in der Literatur – Gefühle nur auf ihrer Oberfläche ausdrücken.
Viele Filme kann man erst später als Kunstwerke wiederentdekken, wenn sie bereits Zeitdokumente geworden sind. Große Filme wie »Splendor in the Grass« von Elia Kazan oder etwa

»Picknick« von Joshua Logan sind heute für mich als Zuschauer viel mehr wert als damals. Die Farben der Scopefilme waren anders, die Tiefenschärfe, die Kamerabewegung, der Schnitt, alles eindringlicher, tiefer und mit größerer Sorgfalt ausgestattet und choreographiert. Weil alles langsamer war und man deshalb genauer hinsehen konnte, mußte sorgfältiger gearbeitet werden. Früher wurde der Wert von Dingen ohnehin an ihrer Haltbarkeit gemessen.

Ähnlich wie in Filmen ist es mit persönlichen Dokumenten. Briefe von den Eltern sind beispielsweise mehr wert, wenn diese schon tot sind und die Briefe aus der Zeit ihrer Jugend stammen. Durch den Tod haben sie eine andere Dimension hinzugewonnen: Sie sind erhalten geblieben und haben etwas in der Zeit gerettet, was sonst mit dem Tod verschwunden wäre. Filme sind ähnliche Zeitzeugen. Schaut man sich heute ein Melodram aus den Fünfzigern an, so wird man feststellen, wie extrem Menschen sich damals beispielsweise an moralische Werte geklammert haben. Bis zur Selbstzerstörung zwangen Eltern ihre Kinder, an dieser Moral festzuhalten, während die Kinder fatalerweise bereits etwas von der Freiheit spürten, die noch nicht für sie bestimmt war, sondern Jahre später in der Luft liegen würde, wenn es für sie selbst schon zu spät war. Dieser harte, erbitterte Kampf der Generationen gegeneinander wird in den James-Dean-Dramen sichtbar oder in Filmen mit Elizabeth Taylor, Nathalie Wood oder Montgomery Clift. Sie sind für uns deshalb Ikonen, weil sie auf der Leinwand so heroisch gestorben oder wahnsinnig geworden sind. Filme im Zeichen des Kampfes und der Rebellion sind wie ausgelöscht, seit der Phantomschmerz der fünfziger Jahre immer mehr nachgelassen hat. Wir leben nicht mehr in diesen gräßlichen Jahrzehnten gesellschaftlicher Unterdrückung, seit es die Studentenrevolten und die Revolten der Schwarzen in den USA gegeben hat.

Die krassen Gegensätze, wie sie heute in den Vereinigten Staaten nebeneinander existieren, sind bisher ghettoisiert. Schwar-

zenegger kämpft in der Zukunft oder gegen Phantome oder gegen den Irak oder die ehemalige Sowjetunion.
Die krassen politischen und sozialen Gegensätze, die mehr denn je innerhalb der Gesellschaft und zwischen der ersten, zweiten und dritten Welt existieren, werden von der Unterhaltungsindustrie auf das abstrakte Level von Gut und Böse gehoben und somit neutralisiert. Die USA weiß sich sehr gut vor solchen Themen zu schützen, wie zum Beispiel dem Genozid durch Aids in Südafrika. Und es dürfte für die Anwälte der Pharmaindustrie nicht schwer sein, einen solchen Film zu verhindern, auch wenn Wesley Snipes und Julia Roberts darin die Hauptrolle spielen sollten. Politik läßt einfach bestimmte Bilder nicht zu.
Es ist das Großartige an Bildern, die uns berühren, daß wir mit einem Mal spüren, daß alles in uns ist. Sie sind in der Lage, unser Gedächtnis zu aktivieren, das sich so lange in engen Bahnen bewegt hat. Mit dem Horizont des Bildes eröffnet sich der Horizont in uns und offenbart uns den Reichtum unseres eigenen Lebens, der eben aus Bildern besteht. Die frühesten Erinnerungen aus unserer Kindheit sind Bilder, die unser Auge wahrgenommen hat, kaum daß es sie deuten konnte. Vage tauchen sie, ausgelöst von dem Bild, aus der Atmosphäre jener Tages- und Jahreszeit, jenes Raums, Klimas, Gefühlszustand wieder in unserem Gedächtnis auf und bilden eine Erinnerung, die sich füllt mit einem Augenblick unseres Lebens. »Augenblick« – die Vieldeutigkeit dieses Worts ist das Wesen des Bildes.
Ich habe mich manchmal gefragt, woran es liegt, daß soviel produziert wird. Man hat oft den Eindruck, daß wir kaum noch in der Lage sind, unserem eigenen Leben Abenteuer abzugewinnen, und daß man sie daher im Film sucht. Andererseits ist unser Unbewußtes aufgeladen mit Todesängsten und Alpträumen. Die Filmindustrie macht sie verdaubar und bannt sie auf Zelluloid. Die Alpträume aus Gewalt und Action, in denen der Held die Welt zu retten versucht, sind zu Verdauungstrakten von Ängsten unserer paranoiden Gesellschaft geworden.

Die Bilder beruhen nicht mehr auf Kontemplation. Permanent zur Verteidigung unserer Interessen und Sicherheiten aufgerufen, ruhen wir uns mit zynischem Lächeln vor dem Inferno auf der Leinwand aus. Die Last liegt jetzt nicht mehr auf unseren Schultern, sondern auf denen von Mel Gibson, Arnold Schwarzenegger oder Sylvester Stallone.
Und wir dürfen vergessen. Wir dürfen für zwei Stunden vergessen, wie gefährdet wir selbst sind. Dieses Vergessen bei einem Großteil der Zuschauer durchzusetzen, ist die Größe der Unterhaltungsindustrie.

Kommen wir zu dem Film »Die Unberührbare«. Es ist eine Geschichte, die ich lange mit mir herumgetragen habe. 1992 ist meine Mutter gestorben. 1999 habe ich den Film gedreht. Viele Zuschauer sind zu mir gekommen und haben mich für den Mut bewundert, so einen persönlichen Film zu machen. Sie waren der Ansicht, daß es für mich als Sohn sehr schwer gewesen sein mußte, diesen düsteren, sehr persönlichen Film über meine Mutter zu machen. Es war leicht für mich – und die Arbeit an dem Film ging mir leichter von der Hand als bei allen Filmen davor. Das mag einerseits damit zusammenhängen, daß es für mich ein weiterer Schritt war, mich von meinen Eltern zu befreien, die für mich lange Zeit so überlebensgroß gewesen waren. Beide waren Schriftsteller, Intellektuelle, Künstler. Für mich, der bei den Großeltern kleinbürgerlich aufwuchs, waren sie lange Zeit düstere Heroen, die es offenbar nicht für wert hielten, sich um mich zu kümmern. Von meiner Mutter kannte ich den Erfolg als sehr junge, schöne Frau. Meine Großmutter zeigte sie mir auf dem Titelbild verschiedener Magazine und sagte: Das ist deine Mutter. Die Frage, warum sie sich nicht um mich kümmert, wagte ich nicht zu stellen, weil ich eine Antwort befürchtete, aus der ich herauslesen könnte, daß ich es nicht wert sei. Mein Vater hingegen kam mehrmals im Jahr zu Besuch. Aber auch er wirkte entrückt, da ich nicht mit ihm lebte und mir daher kein ›Bild‹ davon machen konnte, was er tat. Er brachte immer wieder andere Frauen zu meinen Großeltern mit, um sie ihnen vorzustellen. In Berlin, einer Stadt, die ich nicht kannte, nahm er teil an den Studentenunruhen. Beim Abendessen erzählte er von Rudi Dutschke, mit dem er befreundet war, und Daniel Cohn-Bendit. Seine Brüder, die mit meinem Großvater die kleine Fabrik aufbauten – er brannte Gartenzwerge aus Ton zu dieser Zeit –, sahen zu meinem Vater auf. Er war eindeutig ein Held, ein männlicher, geheimnisvoll aussehender Typ mit einer Aura von Einsamkeit. Er blieb zwei Tage, machte nach dem Mittagessen mit mir Spaziergänge auf dem Land. Ich hatte viele Fragen. Er erzählte davon, wie die Menschheit entstanden ist, von Neandertalern und Cro-Magnon-Menschen. Es war alles sehr interessant, und auch ich blickte maßlos zu ihm auf. Nach drei, vier Tagen fuhr er meist wieder zurück nach Berlin. Erst viel später habe ich die Zusammenhänge begriffen, als ich bereits selbst erwachsen wurde und meine Erfahrungen mit den Alkoholproblemen meines Vaters machte. Ich habe gemerkt, daß er, sobald er betrunken war, nur noch in der Vergangenheit lebte. Bestimmte Zusammenhänge von damals hielten ihn fest und würden ihn niemals mehr loslassen: Meine Mutter, seine zerbrochenen Freundschaften mit ein paar wichtigen Männern, aber vor allem meine Mutter. Ein paar Tage zog er sich zurück, trank nichts, versuchte zu schreiben, konnte die Gegenwart anderer Menschen kaum ertragen. Dann griff er wieder zur Flasche und versank in der Vergangenheit.

Meiner Mutter erging es nicht viel besser. Sie ist auf der hohen Welle ihres Erfolgs nach England gegangen, haßte Deutschland, haßte die spießige, enge Kleinlichkeit, die sie aus ihrem Elternhaus kannte. Dann ging ihr das Geld aus, und sie mußte zurück. In der Zwischenzeit war von ihrem Ruhm nichts mehr übrig. Sie war tablettensüchtig und rauchte Kette. Und sie hatte in der Zwischenzeit das Wichtigste verpaßt, was damals in Deutschland passiert war, nämlich die Studentenunruhen. Sie hatte keine Freunde, das schriftstellerische »Gesockse«, der ganze »Klüngel« war ihr zuwider. Die anderen nahmen sie nicht mehr wirklich ernst. So wurde aus ihr mit den Jahren in dem stickigen München langsam eine skurrile Exzentrikerin, der man auf der Straße hinterhersah, weil sie eine Perücke trug, dick geschminkte Augen hatte und dramatische, schwarze Kleider trug.

Als ich sie wieder kennenlernte, das heißt vielleicht zweimal im Jahr besuchte, saß sie mir auf ihrer großen, weißen Ledercouch gegenüber und redete und rauchte dabei ununterbrochen. Die Sitzungen gingen oft bis spät in die Nacht und waren oft sehr einseitig, denn ich hatte nicht so viel zu erzählen wie sie, und sie hatte sehr viel zu erzählen, konnte sehr lebhaft Situationen schildern, ich war neugierig und gespannt und warf hin und wieder ein paar Fragen in den Erzählstrom, um ihn nicht abreißen zu lassen.

Auf dieser Ebene verstanden wir uns gut, und weiter ging es auch nie. Immer der Erzählstrom von dieser reglosen, kettenrauchenden Person auf der weißen Ledercouch, die meine Mutter war und die man mit ein paar Fragen fütterte wie einen Computer, von dessen Festplatte man herunterlud.

Es gab keine Körperlichkeit zwischen uns, beim Küßchen zum Abschied berührten meine Lippen nicht mal ihre Wangen.

Mit den Jahren wurde es für meine Mutter immer enger. Ihre Bücher wurden nicht mehr vom Verlag angenommen, das Geld ging ihr aus. Aus Notwehr, weil sie sich nicht selbst eingestehen konnte, daß sie, Gisela Elsner, vielleicht nicht mehr ganz so brillant war wie früher, begann sie, hinter allem eine große, politische Verschwörung zu wittern, die mit dem Verlagsleiter, der damals Michael Naumann hieß und später Staatsminister für Kultur wurde, zu tun hatte und dessen Verbindungen zum CIA. Immerhin war sie in der DKP, was Grund genug war, um sie aus dem westlichen Kulturkreis zu eliminieren.

Sie begann dann, ihren Kleiderschrank mit winzigen Zeichen

zu versehen, bevor sie aus dem Haus ging, um zu sehen, ob der CIA in ihrer Abwesenheit den Schrank untersucht und Abhörgeräte in ihren Kleidern versteckt hatte. Sie wußte auch, wann genau in welcher Wohnung im Haus gegenüber die Lichter ausgingen, damit man sie besser beobachten konnte. Ich hätte meiner Mutter nicht helfen wollen und nicht helfen können, denn ich hatte ihr nie verziehen. Als ich von ihrem Tod erfuhr, war ich mitten bei den Dreharbeiten von »Terror 2000«, einem Film, den ich zusammen mit Christoph Schlingensief geschrieben hatte, und ich spürte mit einem Schlag ein Gefühl ungeheurer Erleichterung. Der große Schatten, der von meiner Mutter mein Leben lang, trotz ihrer Abwesenheit, auf mich gefallen war, war plötzlich verschwunden. Ich konnte auf einmal aufatmen, und alles schien mir leichter.

Den Film »Die Unberührbare« habe ich gemacht als eine Hommage an wenige Filme, die sich in meinem Gedächtnis eingegraben haben, als ich etwa 14 Jahre alt war und im Heimkino des Internats Filme von Rainer Werner Fassbinder und Louis Malle zum ersten Mal sah. »In einem Jahr mit dreizehn Monden« und »Das Irrlicht«, die mich mit meinen empfänglichen Augen so sehr beeindruckt haben, daß ich nach dem zweiten Sehen jede einzelne Einstellung vor meinem inneren Auge rekapitulieren zu können glaubte.

Die große Seelenverwandtschaft, die ich zu beiden Filmen empfand, wirkte offenbar wie eine Initiation auf mein Schreiben. Außerdem ermöglichte mir die Faszination, die ich empfand, das erste Mal, ein kreatives Potential an mir zu entdecken. Ich wollte seitdem manche Filme immer wieder sehen, um dann beim zweiten Schauen einen Schritt zurücktreten zu können, um ihre Struktur zu entblößen und aus ihnen zu lernen. Gleichzeitig bekam ich erste Ideen zum Schreiben. »Die Unberührbare« ist daher für mich in erster Linie eine Hommage an diese Filme, wie auch an »Das Schweigen« von Ingmar Bergman – und erst in zweiter Linie ein Film über meine Mutter.

Atmosphäre und Formwillen stehen am Anfang einer Geschichte, nicht eine mehr oder weniger schmerzhafte persönliche Erfahrung, die man vielleicht gemacht hat. In welchem Licht sie erscheint, ist wichtig. Deshalb konnte ich die Frage, ob es mir nicht schwergefallen ist, einen solchen persönlichen Film zu machen, mit gutem Gewissen immer mit »Nein« beantworten.

Oskar Roehler

DIE UNBERÜHRBARE
Das Original-Drehbuch

Oskar Roehler Hannelore Elsner

Schwarzfilm: Über den Anfangstiteln des Films liegt die Stimme eines Fernsehkommentators, der über die Maueröffnung berichtet.

1 BUNGALOW HANNA AUSSEN/NACHT

Totale: Eine Frau hinter den Glasscheiben des Bungalows; sie bewegt sich umher, dann setzt sie sich auf die weiße Couch.

1A BUNGALOW HANNA INNEN/NACHT

Groß auf die Schreibmaschine, bildfüllend.
Groß auf den Stapel Papier daneben. Bildfüllend kommt der Titel des Films ins Bild, gleichzeitig der Titel des Manuskripts. Der Titel verschwindet. Vorspanntitel werden eingeblendet. Kamera schwenkt vom Manuskript in den Raum und fährt in seitliche Totale, wo man im Hintergrund Hanna sitzen sieht.
Hanna sitzt auf einer großen, weißen Ledercouch und starrt Richtung Fernseher ins Leere. Sie ist Mitte Fünfzig, trägt ihr langes, dünnes, ergrautes Haar offen und wirkt wie verloren und völlig erstarrt. Das einzige, was sich bewegt, ist die Hand, die die Zigaretten zum Mund führt. Hanna raucht während des gesamten Films Kette.
Im Fernseher laufen die Bilder der Maueröffnung.
Irgendwann steht sie auf und geht durch den Flur in das andere Zimmer, in dessen Mitte am Fenster ein großer Schreibtisch mit einer riesigen, elektrischen Schreibmaschine steht, daneben ein Manuskript, an die 200 Seiten dick.
An den Wänden sehen wir gerahmte Vergrößerungen von Photos von Lenin und von der Oktoberrevolution.
Sie geht zu dem Schrank mit den Aktenordnern, nimmt ein kleines Fläschchen aus der obersten Ablage, geht damit wieder zurück ins andere Zimmer und setzt sich wieder auf das Sofa.

1B BUNGALOW HANNA AUSSEN/DÄMMERUNG

Totale: Allmählich wird es Dämmerung, Lichter im Bungalow bleiben an. Sie tritt in Garten und geht wieder zurück in den Bungalow.

2 WOHNUNG RONALD INNEN/TAG
2A BUNGALOW HANNA INNEN/TAG

In Hannas Wohnung bleiben die Lampen trotz Tageslicht brennen.
Sie öffnet das Fläschchen und starrt es an.
Im Off klingelt das Telefon. Sie läßt es klingeln. Nach einer Ewigkeit, wohl auch, weil das Klingeln so eindringlich laut ist, steht sie auf, geht in den Flur und nimmt ab.

HANNA: Ja?

Ronald hockt ebenfalls vor dem Fernseher, auf einer Matratze. Die Wohnung ist sehr provisorisch eingerichtet, ein Neubau, praktisch ohne Möbel. Ronald ist Anfang Zwanzig, sehr dünn, mit langen, dünnen Haaren und schwarzen Kleidern. Seine Augen sind geschminkt, und er raucht die ganze Zeit Kette.

RONALD: Hanna. Ich bin's.

(Ab hier schneiden wir zwischen den beiden Wohnungen)

HANNA: Ronald?
RONALD: Was machst du?
HANNA: Ich sitz da. (Pause) Und hab das Arsen in der Hand.

Ronald zieht an seiner Zigarette. Beide schweigen.

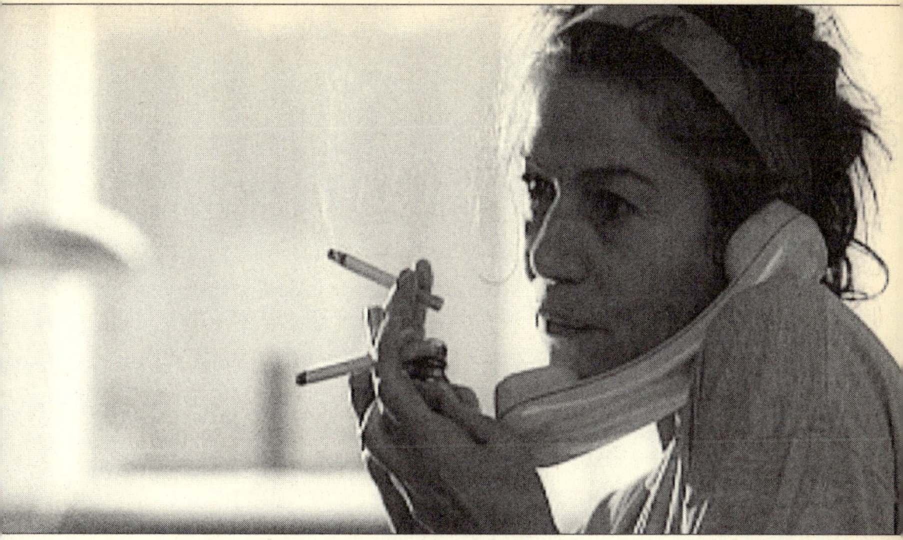

Selbstmordabsichten
Hannelore Elsner (Hanna Flanders)

HANNA: Und du?
RONALD: Ich sitz auch da.
HANNA: Ich bring mich jetzt um. Ich leg auf.
RONALD: Leg noch nicht auf. Rauchst du?
HANNA: Ich laß sie grad ausgehen.
RONALD: Komm. Wir rauchen noch eine.
HANNA: Okay.

Beide zünden sich eine neue Zigarette an der alten an.

RONALD: Meinst du, das Arsen ist noch gut?

Schweigen, Rauchen.

HANNA: Kannst du einfach so weiterleben?

Ronald raucht, überlegt.

RONALD: Ich weiß nicht. Einfach so? Wahrscheinlich nicht.
HANNA: Dann bring dich doch auch um. Ich nehm das Arsen, und du schneidest dir die Pulsadern auf.
RONALD lacht leise: Ach, Hanna.
HANNA: Wie hast du denn reagiert, als du's gehört hast?
RONALD: Ich habe heut morgen nen Flug nach New York gebucht.
HANNA schüttelt den Kopf: Ist das alles ein Verrat. Ich versteh das nicht.
RONALD: Hanna. Ich cancel den Flug und komm her. Das hätt ich eigentlich von Anfang an tun sollen.

Hanna schüttelt den Kopf.

RONALD: Sag doch was.
HANNA: Ich kann nicht.

RONALD: Hanna. (Pause) Gib dir noch ein bißchen Zeit.

Hanna beugt sich zum Tisch vor und nimmt einen Schluck Weißwein.

HANNA: Ich bin so schwer. Ich kann mich überhaupt nicht bewegen.
RONALD: Hast du was von Joachim gehört?
HANNA schüttelt den Kopf: Nein.
RONALD: Hanna. Tust du mir einen Gefallen? Stell das Fläschchen auf den Tisch. Ich kann förmlich spüren, wie du es in der Hand hältst.

Hanna stellt das Fläschchen auf den Tisch.

RONALD: Du denkst doch noch an Joachim?

Hanna nickt.

RONALD: Dann zieh zu ihm. Mach endlich, was du schon die ganze Zeit tun wolltest. Zieh nach Ostberlin.
HANNA: Das gibt es nicht mehr.
RONALD: Grade deshalb. Du darfst dich jetzt nicht unterkriegen lassen von denen. Die wollen doch nur, daß wir uns alle umbringen. Das ist doch alles organisiert. Wir dürfen unseren Kopf nicht in den Sand stecken. So scheußlich das alles jetzt auch aussieht. Das ist nur eine vorübergehende Niederlage. In drei Jahren haben alle genug von diesem Drecksstaat. Solange müssen wir durchhalten.

Ronald steht auf und holt eine Flasche Whisky. Der Boden des Zimmers ist übersät mit Taschentüchern und T-Shirts und Hemden, die zerknüllt herumliegen. Ronald nimmt einen Schluck.

RONALD: Geh nach Berlin, Hanna. Pack deine Sachen. Das ist ein günstiger Zeitpunkt, jetzt, wo die Katastrophe perfekt ist.

Hanna schweigt, raucht.

HANNA: (Pause) Und wenn es schiefgeht?
RONALD: Dann kannst du dich immer noch umbringen.

Hanna muß plötzlich leise lachen.

HANNA: Falls alles schiefgeht, dann spring ich eh lieber aus dem Waldorf Astoria, als das blöde Arsen zu nehmen.
RONALD lacht: Hiermit versprech ich dir hoch und heilig – und der Verfassungsschutz in der Leitung sei Zeuge –, daß ich dir eine Suite im Waldorf Astoria reserviere, falls alles schiefgeht. Welcher Stock? Achter?
HANNA: Zu niedrig. Mindestens der dreißigste. Ich möcht ganz oben sein, wenn ich springe.
RONALD: Ich hab's vermerkt. Dreißigster.

Hanna lacht leise.

RONALD: Hanna. Versprich mir, daß du das machst.
HANNA: Ronald. Ich weiß nicht, ob ich das schaffe. Ich fühl mich sehr, sehr erschöpft.
RONALD: Dann buch ich den Flug um. Ich bin morgen früh da.
HANNA: Nein. Nein. Das will ich nicht. Du mußt da hinfliegen. Wenn, dann muß ich das alleine schaffen.
RONALD: Schaffst du es?
HANNA: Ich versuch es.
RONALD: Versprichst du mir, daß du dich nicht umbringst, solange ich weg bin?

HANNA: Wie lang bist du weg?
RONALD: Eine Woche.
HANNA: Ich versprech's.
RONALD: Hast du alles, was du brauchst?
HANNA: »Baldrian« könnte knapp werden.
RONALD: Ich werd dafür sorgen, daß morgen jemand vorbeikommt.
HANNA: Ich wünsche dir eine sehr schöne Reise.
RONALD: Ich liebe dich. Ich ruf dich morgen früh noch mal an. Gute Nacht.
HANNA: Gute Nacht.

Sie legt auf. Für einen Moment bleibt sie sitzen, und ihre Augen sind feucht. Dann steht sie sehr langsam auf.

2B BUNGALOW HANNA AUSSEN/TAG/NACHT

Totale auf das Haus. Es wird wieder dunkel.

3 BUNGALOW HANNA INNEN/NACHT

Im Pyjama tritt sie an den Spiegel, bricht etwa 10 Prohypnon Schlaftabletten aus dem Riegel und spült sie mit Wasser hinunter. Sie nimmt die Zigarette vom Waschbeckenrand, geht hinüber zu den Lederpolstern, die von der Couch gelöst wurden und nun als Matratzenlager dienen, verkriecht sich unter die Decke und raucht, während ihr allmählich die Augen zufallen. Im Fernseher, in greifbarer Nähe, die Berichte von der Maueröffnung.

4 BUNGALOW HANNA/BAD INNEN/TAG

Im Zimmer mischt sich das Tageslicht mit dem Licht der Lampen und des Fernsehers.
Hanna torkelt schlaftrunken ins Bad und nimmt etwa 5 Kaptagol mit Wasser.

Subjektive von Hanna mit super 16, durch den Bungalow bis zu den Tabletten am Spiegel.
Sie setzt sich aufs Klo. Sie wartet benommen, daß die Wirkung der Tabletten einsetzt. Aus der Unschärfe taucht Hannas Gesicht auf: Sie ist kaum wiederzuerkennen. Sie trägt eine schwarze Cleopatra-Perücke, ihre Augen sind mit großen, schwarzen Rändern geschminkt, starkes Make-up macht ihr Gesicht maskenhaft. Sie wirft einen letzten Blick in den Spiegel und verläßt dann das Bad. Sie ist jetzt hellwach. Aus ihren Bewegungen ist alles Müde, Schleichende gewichen. Sie trägt einen teuren, schwarzen Hosenanzug mit weitem Schlag, der vielleicht einen Tick zu extravagant wirkt. Sie nähert sich dem Telefon und bleibt davor stehen. Sie nimmt ab, wählt die 0037 und den Anfang einer Nummer, legt dann aber mittendrin wieder abrupt auf. Sie wartet einen Moment, unternimmt dann den nächsten Anlauf und wartet, bis jemand abnimmt.

WEIBLICHE OFFSTIMME: Verlag Neue Welt, Rieth.
HANNA: Hallo. Hier Hanna Flanders. Können Sie mich mit Joachim Rauh verbinden.
WEIBLICHE OFFSTIMME: Augenblick.
JOACHIM: Rauh.
HANNA: Joachim? Hier ist Hanna.

5 VERLAG NEUE WELT — INNEN/TAG
5A BUNGALOW HANNA — INNEN/TAG

Hier öffnet sich im Kontrast zu Hannas klaustrophobischer Wohnung ein »Tor zur Welt«. Überall im Hintergrund ist etwas los. Leute gehen durchs Bild, diskutieren, lachen. Überall laufen Monitore mit neuesten Berichten. Joachim ist ein gutaussehender Mann Mitte Fünfzig, dynamisch, etwas verwildert, etwas versoffen, ein Intellektueller. Er ist abgelenkt durch das Geschehen um ihn herum und kann sich kaum auf das Gespräch konzentrieren.

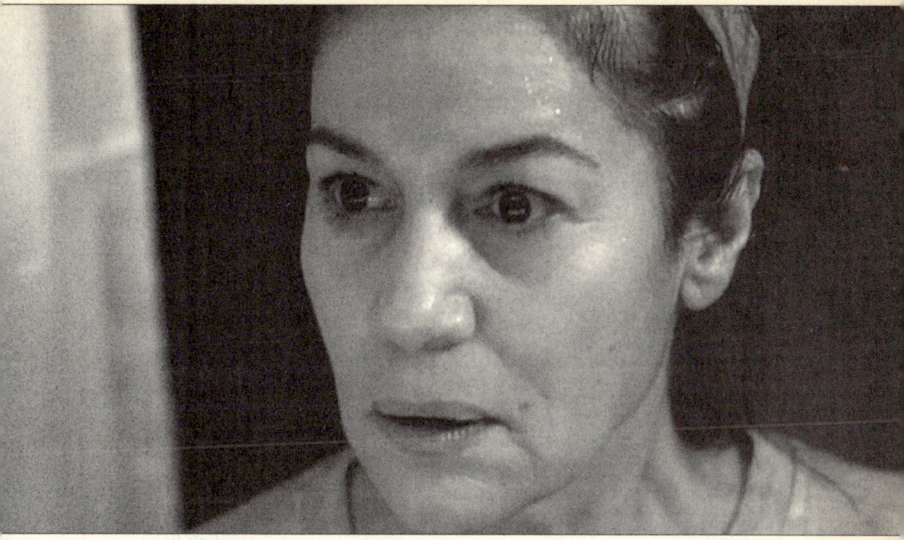

Spiegelbilder
Hannelore Elsner (Hanna Flanders)

(Die Fernseher stehen erhöht, etwa einen halben Meter über den Köpfen, die Leute teils mit dem Rücken zur Kamera)

JOACHIM: Hanna. Schön dich zu hören. Wie geht's dir?

(Ab hier schneiden wir zwischen Hanna und Joachim. Hanna dreht während des Telefonats den Rücken zu, plötzlich Tränen)

HANNA: Na ja. Was soll ich sagen?

Joachim blickt sich um, nimmt von einer Sekretärin ein Schreiben entgegen.

JOACHIM: Wann sehen wir uns wieder?
HANNA: Ich komm nach Berlin.
JOACHIM: Toll. Wann kommst du?
HANNA: In den nächsten Tagen. Das hängt davon ab, wie lange alles hier dauert.
JOACHIM: Das hätte niemand gedacht, daß alles so schnell geht.
HANNA: Nein. Wirklich nicht.
JOACHIM: Wie lange bleibst du?
HANNA: Ich ziehe um nach Berlin.
JOACHIM: Du ziehst um?
HANNA: Ich dachte, ich mach's wahr. Erinnerst du dich? Wir haben so oft darüber gesprochen. Und jetzt, wo die Katastrophe perfekt ist ...

Hanna wartet gespannt.

Joachim ist sichtlich irritiert. Seine Sekretärin kommt mit fragendem Gesichtsausdruck näher. Er hält die Hand vor die Muschel und beschreibt mit Flüsterstimme übertrieben genau mit dem Mund den Namen Hanna Flanders.

JOACHIM: Mhm. Und hast du dir das genau überlegt?
HANNA: Du freust dich ja gar nicht.
JOACHIM: Doch, schon. Aber willst du nicht erst mal herkommen und dir die ganze Sache angucken?
HANNA düster: Dazu ist es zu spät.
JOACHIM: Wie, zu spät? Wie meinst du das?
HANNA: Ich habe mit meinem Leben hier abgeschlossen. Nach allem, was ich gesehen hab.

Joachim weiß darauf nichts zu erwidern.

HANNA: Ich bin hier viel isolierter als bei euch. (Pause) Aber du bist ja scheinbar ganz gut gelaunt.
JOACHIM: Das klingt ja fast wie ein Vorwurf.
HANNA: Na, ein bißchen erstaunt bin ich schon.
JOACHIM: Worüber bist du erstaunt?
HANNA: Wie du am Telefon klingst. Du klingst ja fast so, als wärst du erleichtert.
JOACHIM: Du wirst lachen. Aber das bin ich auch. Was dachtest du denn? Soll ich hier sitzen und Trübsal blasen, weil der Kommunismus zusammengebrochen ist?

Er blickt in die Runde und muß auf einmal lachen. Alle gucken fragend.

JOACHIM: Hanna Flanders. (Zu Hanna) Die wollen wissen, wer dran ist.

Hanna wirkt auf einmal sehr resigniert. Sie raucht, hält einen Moment inne.

HANNA: Na ja, okay. Dann mach ich mal Schluß.
JOACHIM: Sei nicht albern, Hanna. Was soll denn das?
HANNA: Ach, ich lieg scheinbar auch bei dir völlig daneben. Ich kenn mich einfach nicht mehr aus.

Sie muß auf einmal weinen.

JOACHIM: Hanna? Was ist denn, um Gottes willen? Dann komm doch bitte nach Berlin. Wir werden schon eine Lösung finden. Hanna. Bitte. Wir finden eine Lösung. Es tut mir leid, wenn ich gerade komisch war. Es geht hier bloß alles total drunter und drüber, okay?
HANNA: Okay ... es tut mir leid. Ja ... soll ich denn dann kommen?
JOACHIM: Ja klar, komm.
HANNA: Ich will ja auch nicht, daß du dich die ganze Zeit um mich kümmerst.
JOACHIM: Das werden wir ja dann sehen.
HANNA: Mhm.
JOACHIM: Ruf mich an, wenn du weißt, wann du kommst. Damit ich dich abholen kann.
HANNA: Okay. Also. Bis dann.
JOACHIM: Ich freu mich.
HANNA: Ich mich auch. Tschau.

Hanna legt auf. Sie geht noch mal rüber ins Bad und guckt sich im Spiegel an: eine starre Maske. Sie schüttelt den Kopf, wendet sich ab und verläßt den Raum.

6 STRASSE VOR DER BOUTIQUE AUSSEN/TAG

Hanna geht mit paranoider Zielstrebigkeit eine Straße hinunter. Sie trägt Stiefeletten mit hohen Absätzen, einen langen, teuren Pelzmantel, Handtasche und Sonnenbrille. Sie geht strikt geradeaus, sie guckt nicht links, sie guckt nicht rechts. Sie raucht. Sie geht an den Auslagen von Modeboutiquen entlang und bleibt schließlich vor einem bestickten, überladenen Pullover mit Perlen und Federn stehen. Sie wirft ihre Zigarette weg. Dann betritt sie die Boutique.

Lange seitliche Fahrt mit Hanna in die Boutique.

7 BOUTIQUE INNEN/TAG

Die Inhaberin, etwa Mitte Vierzig, gebräunt, neureich, kommt auf sie zu und begrüßt sie mit einem Lächeln.

INHABERIN: Frau Flanders. Das ist ja eine Überraschung. Lange nicht mehr gesehen. Wie geht es Ihnen?

Die beiden Frauen reichen sich die Hand.

HANNA: Danke. Den Umständen entsprechend. Ich hatte viel zu tun.
INHABERIN: Frau Flanders. Was kann ich für Sie tun?
HANNA: Dieser schwarze Pullover mit den aufgestickten Perlen, den Sie da draußen im Schaufenster haben.

Im selben Moment taucht aus dem Hintergrund ein Mann auf und kommt näher. Er ist gepflegt, gebräunt und begrüßt Hanna mit strahlendem Lächeln.

INHABER: Die Frau Flanders. Und wir dachten schon, Sie sind verschollen. Wohnen Sie nicht mehr in München?
HANNA: Nicht mehr lange. Wollen wir mal so sagen.
INHABER: Und wo ziehen Sie hin?
HANNA: Nach Berlin.

Sie zündet sich eine neue Zigarette an.

INHABER: Was, wirklich? Das ist ja eine Überraschung.
INHABERIN: Frau Flanders interessiert sich für den schwarzen Dior-Pullover.
INHABER: Für welchen auch sonst.

INHABERIN: Könntest du ihn eben mal holen?
INHABER: Aber klar. (Verschwindet)

Hanna verläßt mit dem Pullover die Kabine, geht vor den Spiegel und begutachtet sich. Die beiden Inhaber gucken dabei zu.

INHABER: Also wenn Sie mich fragen. Den hat Dior für Sie gemacht.

Die Kasse ist voll mit teuren, großen Einkaufstüten. Der Inhaber packt diverse Sachen ein. Hanna wartet, während die Inhaberin die Rechnung ausstellt.

INHABER: Wir haben übrigens beide Ihren letzten Roman verschlungen. »Das faule Dreieck«. Wir sind Fans. Wir sind traurig, daß München Sie verliert.
HANNA: Ja.

Die Inhaberin kommt mit der Rechnung zurück und legt sie Hanna vor.
Hanna macht Augen, die Inhaberin beobachtet sie dabei.

HANNA: Das Plaid kostet 4000?

Die Inhaberin zuckt mit den Achseln.

INHABERIN: Dior. Sie haben halt, wie immer, mit instinktiver Treffsicherheit das beste Stück im Laden gewählt.

Hanna lächelt schwach und reicht ihr die Karte.

Die Inhaberin geht rüber zur Visa-Maschine.

INHABER: Ja und viel Glück in Berlin. Ich hoffe, daß alles klappt.

Die Inhaberin kehrt zurück und gibt Hanna die Karte.

INHABERIN: Ach, in diesen Klamotten kann gar nichts schiefgehen.

Sie zwinkert mit den Augen und reicht Hanna die Hand.

INHABERIN: Alles Gute in Berlin.
HANNA: Vielen Dank.
INHABER: Ja, wirklich. Wir lassen die Sachen bringen. Rufen Sie durch, wenn Sie zu Haus sind.

Die beiden bringen Hanna zur Tür.

INHABER/IN: Auf Wiederschaun.
HANNA: Auf Wiedersehen.

8 STRASSE VOR BOUTIQUE AUSSEN/TAG

(Ähnlich wie seitliche Fahrt in Bild 7)
Hanna kommt aus der Boutique heraus.

9 BUNGALOW HANNA INNEN/NACHT
9A WOHNUNG RONALD INNEN/NACHT

Großaufnahme des Tablettenriegels Kaptagol. Mehrere Tabletten werden herausgebrochen.
Hanna dreht den Wasserhahn im Bad auf und schluckt die Tabletten vor dem Spiegel runter. Sie nimmt die brennende Zigarette vom Waschbeckenrand und inhaliert. Dann verläßt sie das Bad. Überall in der Wohnung liegen Koffer im Dämmerlicht.

Hanna stolpert dazwischen herum, geht an verschiedene Regale, holt Bücher herunter und stapelt sie auf dem Boden. Sie zieht einen Aktenordner aus dem Wandschrank ihres Arbeitszimmers, und eine Menge Photos und Zeitschriftenausschnitte fallen heraus und verteilen sich über den Boden.
Es sind Glamourphotos von ihr selbst vor zwanzig Jahren, die sie mit strahlendem Lächeln auf den Titelseiten der Boulevard- und Modezeitungen zeigen. Ein Photo zeigt, wie sie einen Preis gemeinsam mit Samuel Beckett entgegennimmt. Ein anderes zeigt sie in einem großen, strahlend weißen Loft in London mit der Überschrift: Der Shootingstar der deutschen Literaturszene lebt in London und Rom.
Andächtig starrt sie für einen Moment diese Photos an. Dann blättert sie weiter in dem Ordner. Nach ein paar Seiten stößt sie auf ein Familienphoto, das sie, ihren Ex-Mann Bruno und ihren gemeinsamen dreijährigen Sohn zeigt, der auf ihrem Schoß sitzt. Hanna blättert weiter, dann schlägt sie den Ordner zu und legt ihn in einen der Koffer. Das Telefon auf dem Boden klingelt, und sie nimmt ab.

RONALD off: Hanna? Wie sieht's aus?
HANNA: Ich bin beim Packen.
RONALD off: Gut. Ich steig jetzt in die Maschine. Meine Nummer ist – hast du was zum Mitschreiben? – Manhattan 3753857.
HANNA notiert mit: Okay.
RONALD: Hast du das »Rezept« bekommen?
HANNA: Ja.
RONALD: Meld dich, wenn irgendwas ist, okay? Und gib mir durch, wo du in Berlin zu erreichen bist.
HANNA: Okay.
RONALD off (zitiert): Wir sind bei dir. In Nacht und Dunkelheit. Wir sind der Weg, den deine Füße gehen. Am Ende wirst du uns verstehen ...

HANNA/RONALD zusammen: ... Du wirst uns sehen, denn dann wird Tag sein, klar und rein. Ein neues Land wird Lohn der Reise sein.
RONALD off: Ich muß jetzt Schluß machen. Ich liebe dich.
HANNA leise: Ich lieb dich auch. Bis bald.

Sie legt auf, besinnt sich einen Augenblick, an ihrer Zigarette ziehend, auf dem Fußboden ihrer rapide dunkel werdenden Wohnung.
Abblende.
Aufblende.

10 BUNGALOW HANNA INNEN/TAG

In der Wohnung ist viel los: Drei Möbelpacker tragen im Hintergrund Bücherregale und Möbel hinaus. Ein junges Mädchen mit einem Parka, halblange, blonde Haare, Brille, unscheinbares Gesicht, hockt auf der Ledercouch, während Hanna in Hausklamotten telefoniert. Vor dem Mädchen auf dem Tisch steht ein Aufnahmegerät und ein Mikro.
Hanna trägt ein Kopftuch, um ihre Haare zu verbergen. Sie sieht natürlich aus und weicher, als wir es von ihr gewohnt sind.

HANNA: Wo waren wir stehengeblieben?
MERET: Du hast als letztes gesagt, daß man dich im kommunistischen Teil Deutschlands als Autorin viel mehr schätzt als im Westen. Und daß du es nicht wahrhaben willst, was hier im Moment passiert.

Meret schaltet das Gerät ein.

HANNA: Für mich ist das alles ein ziemlicher Tiefschlag, und ich bin sehr deprimiert. Jetzt frißt die Konsumgesellschaft uns alle ...

MERET: Ich verstehe sehr genau, was du meinst. Aber es wird ein paar wenige geben, die übrigbleiben. Meinst du nicht?

HANNA: Ich weiß nicht ... ich weiß nicht, ob mich das jetzt überhaupt noch interessiert. Mich macht es krank zu sehen, wie diese Einheitsmenschen sich hier breitmachen, es ekelt mich an, wie die in den Unterhosen wühlen, wie die raffen. Mir ist jetzt erst schlagartig die deprimierende Wahrheit bewußt geworden, daß die für »Mon Cherie«-Pralinen kämpfen und damit sie sich Westtampons, Bananen und Colaflaschen in ihre Fotze stopfen können. Die kämpfen noch nicht ... im Sinne von Lenin ... für die Wahrheit. Diese Menschen haben doch jede Achtung und Selbstachtung verloren.

MERET: Was ist dann deiner Meinung nach die Wahrheit ... im Sinne von Lenin? Kann man das denn jetzt noch?

HANNA: Die Wahrheit, die Wahrheit ... die Wahrheit ist, daß hier die Verunstaltung zum Gebet wird.

MERET: Wie bitte?

HANNA: Die Wahrheit ist, daß ich keinen Traum mehr habe. Ich habe an Lenin geglaubt. Wenn ich zugeben müßte, daß Lenin nicht recht hatte, sondern dieser schmarotzerische Pöbel, der jetzt auf den Straßen rumläuft, dann hat das Leben keinen Sinn mehr für mich.

MERET: Du bist eine große Ausnahme. Es gibt kaum jemanden, der sich durch die Öffnung der Mauer so persönlich angegriffen fühlt wie du. Hat das nicht auch damit zu tun, daß die westdeutschen Verlage seit geraumer Zeit deine Manuskripte ablehnen?

HANNA: Glaubst du, im Ernst, das tangiert mich?

MERET: Entschuldige, das war nur so eine Frage. Dennoch, so ganz spurlos geht das doch nicht an einem vorüber. Dein Roman »Heilig Blut« sucht seit Jahren einen Verleger.

HANNA: Das ist ein Boykott von den Herren vom Ro-

Achtung, Selbstachtung, Verachtung
Jasmin Tabatabai (Meret), Hannelore Elsner (Hanna Flanders)

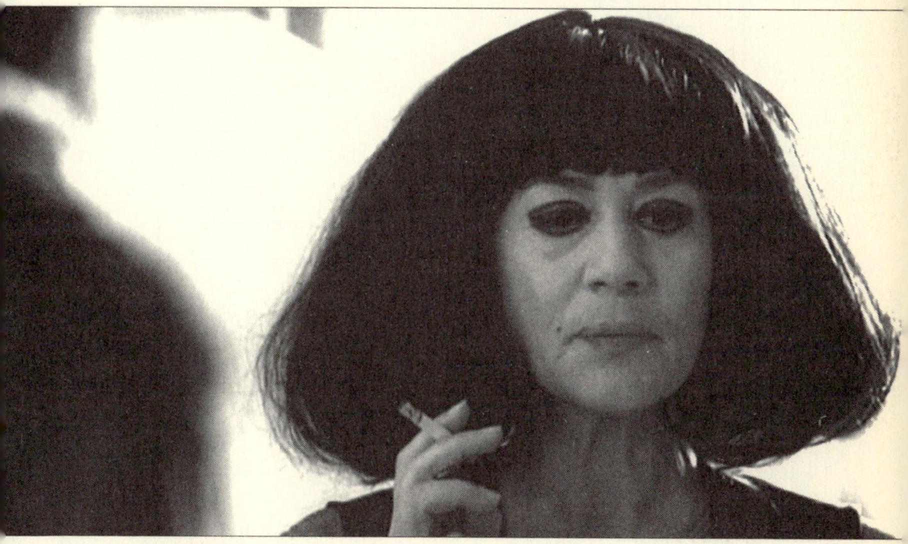

wohlt-Verlag, die arbeiten ja, das ist ja bekannt, ganz eng mit dem CIA zusammen. Die lehne ich ab. Ich lehne jede Veröffentlichung in der Bundesrepublik ab. Ich verachte diese Kulturfaschisten zutiefst. Aber meine finanziellen Mittel erlauben es mir im Moment nicht, ins Ausland zu ziehen, sonst wäre ich längst wieder in London oder Paris. Berlin muß vorerst mal reichen.
MERET: Du siehst sehr traurig aus, Hanna. Gibt es die Angst, menschlich und/oder literarisch zu scheitern?

Zum ersten Mal wirkt Hanna offen und bleibt einen Moment nachdenklich.

HANNA: Meine jetzige Trauer läßt sich nicht lokalisieren, und auch, daß ich meinen Haß verbalisiere, ist nur äußere Rhetorik. Die ganze Verletztheit, die kommt tief von hier drinnen. Da wird ganz unbarmherzig ein Resümee von meinem Leben gezogen, von meiner Liebe und meinem Verständnis für Kunst, und da werden die Chancen abgeglichen, ob oder ob nicht.
MERET: Was meinst du mit »ob oder ob nicht«?
HANNA: Ob ich weiter schreiben soll, bis man mir endlich den Büchner-Preis gibt, oder ob ich irgendwann auf dem Markt Blumen verkaufe, was ich mir durchaus auch vorstellen kann. (Hanna lächelt hier zum ersten Mal)
MERET: Ich bin froh, dich lächeln zu sehen.

Ein Möbelpacker bleibt an der Zimmertür stehen.

MÖBELPACKER: Können wir hier auch schon anfangen auszuräumen?
HANNA: Aber selbstverständlich. Fangen Sie mit den Regalen an.

Der Möbelpacker kommt, gefolgt von einem anderen, ins Zimmer. Beide beginnen, die Möbel auszuräumen.

MERET: Ich will dich jetzt nicht länger stören. Danke für dieses Gespräch.

Meret macht das Diktiergerät aus, Hanna drückt ihre Zigarette aus, zündet sich eine neue an, und beide stehen auf und verlassen das Zimmer.
An der Haustür verabschieden sie sich mit einer Umarmung.

MERET: Ich werde an dich denken. Viel Glück in Berlin.
HANNA: Danke.

Meret verschwindet. Hanna blickt ihr nach und tritt dann selber nach draußen.

11 STRASSE VOR BUNGALOW HANNA AUSSEN/TAG

Hanna tritt auf die Straße und guckt nach den Möbelpackern, die gerade ihre Sachen in einem Möbelwagen vor der Haustür verladen.

HANNA: Falls Sie ein Bier wollen. Das steht im Kühlschrank.
MÖBELPACKER: Danke. Später hol'n wir uns eins.

Schnaufend gehen die beiden an ihr vorbei in das Haus.
Im selben Moment nähert sich der Schriftsteller Niels von der anderen Straßenseite, aus seinem Bungalow kommend.

NIELS: Hanna. Was ist denn da bei dir los? Hast du einen Tanzkurs eröffnet? Ziehst du um? Was ist los?
HANNA: Ja, ich zieh um nach Berlin.

NIELS: Nach Berlin? Was ist das denn für eine Idee? Das ist doch Krampf. Was willst du denn in Berlin?
HANNA: Ich weiß, Niels. Du weißt alles besser. Also laß uns nicht drüber reden. Wie geht's deinem Ischias?
NIELS: Die Marathonläufe beanspruchen ihn schon ganz schön. Aber lieber, mir tut der Ischias weh, als daß mir der Kopf platzt. (Lacht)

Im selben Moment kommen die Möbelpacker mit Sachen an den beiden vorbei.

MÖBELPACKER: Soll der kaputte Stuhl auch mit?
HANNA: Nein. Brauchen Sie nicht.
NIELS: Aber komm, altes Mädchen. Das ist doch alles nicht dein Ernst?
HANNA: Wieso, bitte schön, soll ich nicht nach Berlin ziehen?
NIELS: Zu wem willst du denn da?
HANNA: Das laß mal meine Sorge sein.
NIELS: Hanna. Ich hab da zwanzig Jahre gelebt. Das ist nicht London oder Paris. Das ist grau, häßlich, grob, arm, destruktiv, kalt. Osten, und die Sachen, die da gut sind, die wirst du nicht mehr entdecken. Dazu bist du zu alt. Und zu einsam. Laß es dir von mir gesagt sein: Berlin ist nichts für dich.
HANNA: Oh, Niels. Das hab ich immer schon an dir gemocht, daß du einem alles vermiest. Das hast du schon bei mir und Bruno versucht. Erinnerst du dich?
NIELS: Und? Seid ihr noch glücklich verheiratet?
HANNA: Also Niels. Ich mach jetzt weiter. Mach's gut.
NIELS: Mach's gut, Hanna. Ich wünsch dir trotzdem viel Glück.

Er reicht ihr die Hand. Sie nimmt sie widerstrebend.

Umzug
Hannelore Elsner (Hanna Flanders)

HANNA: Niels. Ich bin sauer auf dich. Du mußt es immer vermiesen. Tschau.

NIELS: Tschau. Wie gesagt, viel Glück, Hanna. Und wenn was ist: Du weißt ja, wo ich stecke.

HANNA: Tschau.

Sie wendet sich um und geht zurück in das Haus. Sie raucht.

12 BUNGALOW HANNA INNEN/TAG

Der Möbelpacker kommt ihr entgegen und läßt sie vorbei. Für einen Moment ist sie jetzt allein in der Wohnung. Sie ist fast vollständig leer. Sie läßt ihren Blick schweifen, über die Flecke und Linien auf dem Boden und an den Wänden, die die fehlenden Gegenstände zurückgelassen haben, sie raucht. Es ist ganz still. Nur die näher kommenden, hallenden Schritte im Treppenhaus sind hörbar. Sie atmet tief ein. Dann greift sie zum Telefon und wählt hektisch eine Nummer.

HANNA: Hier noch mal Hanna Flanders. Ist Joachim jetzt da? Nein? Immer noch nicht? Ich verstehe. Ich wollte nur wissen, ob ich morgen am Flughafen abgeholt werde.

WEIBLICHE OFFSTIMME: Aber selbstverständlich. Joachim versucht, da zu sein. Wenn er es nicht schafft, wird jemand vom Verlag auf Sie warten.

HANNA: Vielen Dank. Auf Wiederhören.

Sie legt auf und verharrt einen Moment neben dem Telefon. Ein Möbelpacker tritt in die Wohnung, nimmt das letzte Möbelstück, stellt es in den Flur und reicht Hanna einen Block.

MÖBELPACKER: Also wir sind fertig, Frau Flanders. Wir fahren morgen früh los.

Hanna reicht dem Mann ein paar Scheine.

HANNA: Das ist für Sie und Ihren Kollegen.
MÖBELPACKER: Vielen Dank. Falls Sie hier noch unterschreiben könnten.

Hanna blickt auf das Blatt. Es ist eine Rechnung über 6.400 Mark für den Umzug. Schließlich unterschreibt sie und gibt sie dem Mann zurück.

HANNA: Das ist aber sehr teuer geworden.

Der Möbelpacker zuckt mit den Achseln.

MÖBELPACKER: Ich mach die Preise nicht. Also dann, auf Wiedersehen.
HANNA: Auf Wiedersehen.

Sie schließt die Tür und bleibt nachdenklich stehen.

12A BUNGALOW HANNA AUSSEN/TAG/NACHT

Totale auf das Haus, es wird dunkel, im Dämmerlicht nimmt Hanna eine Decke aus dem Wandschrank. Sie legt sich hin und verharrt. Dunkelheit setzt ein.

13 BUNGALOW HANNA INNEN/TAG

Hanna verläßt den Bungalow mit zwei Koffern, Kamera an Hanna vorbei, schwenkt in das leere Haus auf den Fernseher, der immer noch weiter läuft. Kamera fährt zu auf die TV-Bilder im Monitor, die Menschenmassen im Berliner Zentrum zeigen.

14 GEDÄCHTNISKIRCHE AUSSEN/TAG

Hanna bewegt sich in einem Pulk von Leuten (gefakte Masse) mit ihrer großen Tasche an der Kirche vorbei. Sie hat ihre Sonnenbrille auf.

15 STRASSE VOR DEM HOTEL EXCELSIOR AUSSEN/TAG

Totale des Hotels »Excelsior«. Das Taxi fährt vor. Hanna steigt aus. Ein Portier hält ihr die Tür auf. Hanna verschwindet im Innern des Hotels.

16 HOTEL EXCELSIOR/REZEPTION INNEN/TAG

Hanna steuert die Rezeption an.

HARRY: Frau Flanders! Sie also auch in der Stadt. Ich freue mich ja so, Sie zu sehen.
HANNA: Danke. Wie geht es Ihnen, Harry?
HARRY: Na ja, Sie sehen ja, was draußen los ist. Ich weiß nicht, ob ich das wirklich schön finden soll.

Hanna guckt ihn an und muß lächeln.
Er gibt ihr wie selbstverständlich die Schlüssel.

HARRY: Fühlen Sie sich wie zu Hause.
HANNA: Vielen Dank.

17 HOTEL EXCELSIOR/ZIMMER INNEN/TAG

Totale Aufsicht auf das Hotelzimmer. Der TV läuft, als sie reinkommt. Sterile Ausschnitte persönlicher körperlicher Wahrnehmung. Kamera endet auf TV, wo weiter Bilder mit Massenszenen laufen.

Sie stellt die Tasche ab und zieht das Plaid aus. Sie kann sich in dem bis knapp zum Boden reichenden Wandspiegel sehen, wie sie in dem roten Hosenanzug dasteht. Sie dreht sich kurz, um ihre Hinteransicht zu prüfen, tritt dann ans Fenster und blickt hinunter in die Tiefe. Sie versucht das Fenster zu öffnen, aber es geht nicht auf. Sie läßt sich, etwas ratlos, auf einen Stuhl fallen und raucht. Sie blickt sich dabei in dem Zimmer um. (Verschiedene, sterile Ausschnitte) Ihr Blick endet auf dem Telefon neben sich. Sie hebt ab, legt aber gleich wieder auf.

18 ZOO BEI TELEFONZELLE — AUSSEN/TAG

Szene/großer Statistentag.
Hanna bewegt sich durch zähe Masse am Pressecafé, tritt schließlich in Zelle, wählt, redet, guckt nach draußen.

18A STRASSE VOR VIKTORS HAUS — AUSSEN/TAG

Totale der Krachtstraße. Sie geht ins Haus.

19 WOHNUNG VIKTOR — INNEN/TAG

Die Tür wird von einem etwa dreißigjährigen hageren Mann mit kurzen Haaren und einem fein geschnittenen Gesicht geöffnet. Er trägt Ringe an den Fingern und schwarze Kleidung, wie es damals in einer bestimmten Szene in Berlin üblich war. Er versucht, sein Erstaunen über das Erscheinungsbild seiner Mutter zu verbergen. Die beiden begrüßen sich mit einem distanzierten Kuß auf die Wange.

VIKTOR: Wie geht's?
HANNA: Mhm.
VIKTOR: Hier sieht es schlimm aus. Wir kommen zu nichts. Wir sind den ganzen Tag unterwegs. Wir sind den ganzen

Tag im Ostteil rumgelaufen. Es ist so geil. Das ist ein Feeling hier in der Stadt. Das ist einmalig, echt.

Da Hanna nichts erwidert, reagiert auch Viktor sofort etwas gedämpft.

VIKTOR: Seit wann bist du hier?
HANNA: Seit heut nachmittag.
VIKTOR: Und wo wohnst du?
HANNA: Wie immer. Im »Excelsior«. Aber nur für heut nacht.
VIKTOR: Und wie lange bleibst du?
HANNA: Für länger.
VIKTOR: Was heißt das?
HANNA: Ich ziehe vorübergehend hierher.
VIKTOR: Echt? Das ist ja toll. Wie hat sich das denn ergeben?
HANNA: Ach, als ich die letzten Male hier war, da hat es mir eigentlich immer ganz gut gefallen. Und jetzt hat mich mein Freund gefragt, ob ich zu ihm kommen will.
VIKTOR: Du hast einen Freund hier?
HANNA: Mhm.

Viktor blickt Hanna prüfend an.

VIKTOR: Das ist ganz schön lang her, daß wir uns nicht mehr gesehen haben. Drei Jahre?
HANNA: Kann sein.

Sie raucht und starrt Viktor an.

VIKTOR: Und? Was machst du? Schreibst du? Arbeitest du an einem neuen Roman?

Hanna nickt.

Mutter, Sohn und Schwiegertochter
Hannelore Elsner (Hanna Flanders), Lars Rudolph (Viktor),
Catherine Flemming (Isabelle)

VIKTOR: Und? Erscheint er wieder bei Rowohlt?
HANNA: Für dieses Volk schreib ich nicht mehr. Die ham mich reingelegt. Ich bin denen zu links.
VIKTOR: Aha.

Für einen Moment entsteht peinliches Schweigen. Viktor rührt in seinem Kaffee. Hanna raucht und beobachtet ihn dabei.

HANNA: Und du? Was machst du? Versuchst du auch noch zu schreiben?
VIKTOR: Was heißt, versuchst du?! Klar schreib ich. Wie meinst du das, ob ich's versuche?
HANNA: Das war doch überhaupt nicht abwertend gemeint. Bloß früher hast du mir immer erzählt, daß du alles weggeschmissen hast.
VIKTOR: Ja, stimmt schon. Aber das war, als ich auf Speed war. Ich bin nicht mehr so selbstzerstörerisch drauf.

Hanna inhaliert den Rauch und beobachtet ihn weiter.

HANNA: Und wie geht es deiner Frau? Du bist doch mit dem Mädchen verheiratet, oder?
VIKTOR nickt: Gut. Sie muß jeden Moment kommen. Sie ist joggen, um ihre Aggressionen loszuwerden. Wir rauchen seit der Maueröffnung nicht mehr.

Er starrt feindselig auf ihre Zigarette, deren Rauch in seine Richtung treibt.

HANNA: Das wär nichts für mich.

Sie zieht. Der Rauch treibt in seine Richtung. Viktor wendet den Kopf ab. Hanna beobachtet ihn.

HANNA: Sag mal. Was ich dich fragen wollte. Kannst du mir Speed besorgen?

Viktor blickt sie fassungslos an und fährt sie an.

VIKTOR: Wie kommst du überhaupt dazu, mich so was zu fragen?
HANNA: Entschuldigung. Früher warst du mal stolz drauf, mir das Zeug besorgen zu können.
VIKTOR: Hör zu. Das ist für alle Zeit aus und vorbei. Ich will damit nichts mehr zu tun haben, okay?
HANNA: Okay. Ist ja schon gut.

Sie inhaliert und bläst den Rauch aus.

VIKTOR: Könntest du vielleicht bitte deine Zigarette ausmachen? Das stört wirklich, echt.

Hanna blickt Viktor mit unbewegtem Gesichtsausdruck an und tut, als habe sie überhört, was er gerade gesagt hat.

VIKTOR: Entschuldigung. Aber ich bin ein bißchen aggressiv. Es ist wegen dem Entzug. Aber ich will wirklich mit dem Zeug nie wieder etwas zu tun haben.

In dem Moment geht der Schlüssel. Viktor springt auf und eilt zur Tür.

VIKTOR: Augenblick. Das ist Isa. Ich mach ihr nur eben auf.

Die Kamera bleibt auf Hanna, die mit stoischer Ruhe dasitzt und raucht. Im Off hören wir leise Stimmen. Ein paar Sätze kann man verstehen.

Viktor off: Endlich. Wo warst du die ganze Zeit?
Isabelle off: Was ist denn?
Viktor off: Sie ist da.
Isabelle off: Wer?
Viktor off: Meine Mutter.

Hanna blickt sich im Raum um: ein Schreibtisch, ein paar dilettantische Ölgemälde an den Wänden. Darüber liegt weiteres Flüstern.

Isabelle, bemerkenswert hübsch, blond, Ende Zwanzig, betritt den Raum und eilt auf Hanna zu und überrumpelt sie förmlich mit ihrer Begrüßung.

Isabelle: Hallo. Wie geht's denn?

Hanna weiß darauf nichts zu erwidern. Die beiden Frauen sind sich auf Anhieb unsympathisch.

Isabelle: Schön, daß du uns mal besuchst. Schade bloß, daß wir gleich wegmüssen. Wir sind auf einen Nachmittagsbrunch bei Leuten im Osten eingeladen.
Hanna: Aha.
Isabelle: Na, wir müssen jedenfalls gleich los.

Sie dreht sich nach Viktor um, der ebenfalls wieder in den Raum gekommen ist.

Isabelle: Stimmt's Liebling? (Zu Hanna) Aber können wir dich vielleicht ein Stück mitnehmen? Wo mußt du denn hin?
Hanna: Ach, ich fahre dann, glaube ich, wieder zurück ins Hotel.
Isabelle: Können wir dich nicht mitnehmen? Da können wir dich doch eben vorbeifahren?

HANNA: Danke. Ist nicht nötig. Nein, laßt nur.

Viktor zuckt mit den Achseln.

VIKTOR: Na, wenn du nicht willst.

Er greift nach der Jacke und zieht sie sich über und geht in den Gang.
Hanna steht ebenfalls schwerfällig auf. Sie zieht sich langsam das Plaid an. Isabelle beobachtet sie dabei mit unverhohlenem Zynismus und wirft Viktor einen Blick zu. Hanna blickt auf. Isabelles Blick ruht auf ihr. Isabelle lächelt.

ISABELLE: Einen schönen Mantel hast du an.
HANNA: Ja? Findest du?

19A VOR VIKTORS HAUS AUSSEN/TAG

Hanna verläßt das Haus.

20 HOTEL EXCELSIOR/REZEPTION INNEN/NACHT

Hanna tritt an die Rezeption. Harry begrüßt sie wieder fast enthusiastisch.

HARRY: Guten Abend, Frau Flanders.
HANNA: Guten Abend, Harry.
HARRY: Ich habe all Ihre Bücher gelesen.
HANNA: Wirklich? Das kann ich gar nicht glauben. Das freut mich.
HARRY: Ich habe sie alle gelesen!
HANNA: Ist eine Nachricht für mich da?
HARRY: Tut mir leid. Es ist leider nichts da. Ich sage Ihnen sofort Bescheid.

HANNA: Vielen Dank. Gute Nacht.
HARRY: Ihnen auch. Nehmen Sie doch noch einen Drink an der Bar, selbstverständlich aufs Haus.
HANNA: Vielen Dank.

21 HOTEL EXCELSIOR/BAR INNEN/NACHT

Hanna tritt an den Tresen der runden, überdachten Hotelbar und setzt sich auf einen Barhocker. Ein Fernseher läuft und bringt neueste Berichte der Öffnung.
Der Barkeeper kommt her.

BARKEEPER: Was kann ich für Sie tun?
HANNA: Ich hätte gern ein Glas Champagner.

Sie stellt ihre Tasche ab und holt ihre Zigaretten heraus. Sie zündet sich eine an.
Zwei Barhocker weiter sitzt ein braungebrannter Ägypter in einem dunklen Zweireiher vor einem Glas Bier. Er guckt rüber zu Hanna und dann wieder zum Fernseher.
Der Barkeeper stellt ihr den Champagner hin. Hanna trinkt. Der Ägypter prostet ihr mit seinem Bierglas zu und lächelt. Sie lächelt eingeschüchtert zurück. Dann kramt sie in ihrer Tasche, hat die Schlaftabletten in der Hand, überlegt einen Moment, läßt sie dann wieder zurück in die Tasche fallen und guckt Richtung Fernseher, den Ägypter am äußeren Blickrand.
Der Ägypter guckt wieder rüber. Hanna trinkt und guckt auch.

ÄGYPTER: Darf ich mich einen Moment zu Ihnen setzen?
HANNA: Bitte. Gern.

Der Ägypter rückt nach.

ÄGYPTER: Zoltan Quais.
HANNA: Hanna Flanders.

Sie reichen sich die Hand.

ÄGYPTER: Dieses Hotel ist so leer. Alle sind auf der Straße.
HANNA: Ich finde es ganz schön, daß hier nicht so viel los ist.
ÄGYPTER: Ich auch.

Er lacht und zeigt seine schönen, weißen Zähne.

HANNA: Und was machen Sie hier?
ÄGYPTER: Ich bin hier auf einer Modemesse. Im ICC. Und Sie?
HANNA: Na ja, wie soll ich sagen? Ich bin wegen der politischen Ereignisse hier. Nennen wir es mal so.
ÄGYPTER: Lassen Sie mich raten. Sie sind bestimmt Journalistin.
HANNA: Nicht ganz, aber es kommt ungefähr hin. Ich bin Schriftstellerin.
ÄGYPTER: Oh. Schriftsteller haben ein hohes Ansehen in meinem Land.
HANNA: Woher kommen Sie denn?
ÄGYPTER: Aus Ägypten. Aus Kairo.
HANNA: Aus Kairo? Ehrlich? Ich war da mal eine Woche. Das hat mich wirklich beeindruckt. Dieses wahnsinnige Chaos und diese Massen. Und was machen Sie da?
ÄGYPTER: Ich bin Dressman.

Der Ägypter strahlt und sieht sie direkt an.
Hanna wird verlegen, sucht nach Worten.

HANNA: Oh. Ehm, und für wen arbeiten Sie so?
ÄGYPTER: Im Moment meinen Sie? Im Moment arbeite ich für »Valeur«. Das ist ein ägyptischer Hersteller.
HANNA: Aha.

ÄGYPTER: Ich kann Ihnen gern etwas zeigen. Interessieren Sie sich dafür?

HANNA: Mhm. Haben Sie etwas da?

ÄGYPTER: Ja. Darf ich Ihnen noch ein Glas Champagner bestellen?

HANNA: Gern.

ÄGYPTER: Ein Glas Champagner und noch ein Bier.

Der Ägypter und der Barkeeper tauschen einen Blick aus. Der Ägypter holt seine Mappe, klappt sie auf und zeigt Hanna Photos.

ÄGYPTER: Gefallen Ihnen welche?

HANNA: Die mit den hellen Anzügen sind sehr schön. Wo sind die aufgenommen?

ÄGYPTER: Am Tahir-Square. Oben, auf der Fußgängerbrücke.

HANNA: Ah ja, stimmt.

Der Barkeeper stellt die Gläser hin. Der Ägypter stößt mit Hanna an.

ÄGYPTER: Auf unser Kennenlernen. Cheers.

HANNA: Cheers. (Trinkt) Gottseidank, Sie sind der Erste, der nicht auf die Maueröffnung anstößt. Danke.

ÄGYPTER: Wieso sollte ich? Das wäre nicht besonders stilvoll. Ich kann Ihnen ansehen, daß Sie darunter leiden.

HANNA: Wieso? Wie kommen Sie denn da drauf?

ÄGYPTER: Instinkt. Ich habe einen Blick für so etwas. Hab ich nicht recht?

HANNA: Doch, ja. Es stimmt.

ÄGYPTER: Außerdem rauchen Sie zuviel.

HANNA: Ich weiß.

Abblende.
Aufblende.
Totale, die Hotelhalle ist völlig leer. Ein Kellner stellt die Stühle vor der Bar zusammen.
Hanna raucht. Der Ägypter trinkt und schaut sie an.

ÄGYPTER: Darf ich?

Er nimmt ihr die Zigarette vorsichtig aus der Hand und drückt sie mit eleganter Bewegung im Aschenbecher aus. Dabei blickt er sie an. Er lächelt. Sie lächelt und blickt betreten nach unten. Er streicht ihr ganz vorsichtig seitlich an ihrer Perücke, dann mit dem Finger über ihre Wangen. Sie blickt auf und blickt ihn an. Das erste Mal sehen sie sich länger in die Augen.

ÄGYPTER: Willst du, daß ich mit dir hochkomme?

Hanna wird schlagartig rot und blickt an sich hinunter.

HANNA: Was? ... Ich weiß nicht ... ich habe ... ich habe mit so etwas überhaupt nicht gerechnet.

Der Ägypter beugt sich zu ihr vor und hebt zärtlich ihr Kinn und zwingt sie, ihn anzuschauen.

ÄGYPTER: Willst du?
HANNA: Mhm. Ich ... glaub schon.

Der Ägypter läßt sie los. Beide greifen nach ihrem Drink. Für einen Moment herrscht Schweigen. Hanna zündet sich eine neue Zigarette an. Der Ägypter blickt sie mit einem tadelnden Gesichtsausdruck an. Hanna reagiert mit einer entschuldigenden Geste. Der Barkeeper kommt fragend näher.

BARKEEPER: Kann ich Ihnen noch etwas bringen?

Der Ägypter blickt Hanna fragend an. Sie schüttelt mit dem Kopf.

ÄGYPTER: Danke. Alles zusammen.

Der Barkeeper entfernt sich zur Kasse.

HANNA: Danke.

Der Ägypter beugt sich zu Hanna vor und flüstert ihr ins Ohr.

ÄGYPTER: Eines mußt du noch wissen, bevor wir zu dir hochgehen. Wenn ich mitkomme, dann ist das nicht ganz umsonst, okay?

Hanna blickt ihn an.

ÄGYPTER: Ich weiß, das ist nicht sehr romantisch. Aber so ist es nun mal. Deswegen sag ich es dir vorher. Damit du es dir noch überlegen kannst.
HANNA: Nein, nein. Ist schon gut.

Der Barkeeper kommt zurück und reicht das Schälchen mit der Rechnung. Der Ägypter legt einen Schein unter die Rechnung, ohne draufzugucken.

ÄGYPTER: Wollen wir?
HANNA: Okay.

Beide erheben sich von ihren Barhockern.

ÄGYPTER: Tschau.

Ein Mann für 400 DM
Hannelore Elsner (Hanna Flanders), Faroque Khan (Ägypter)

HANNA: Auf Wiedersehen.
BARKEEPER: Auf Wiedersehen. Tschau.

Der Ägypter nimmt Hanna am Arm und geht mit ihr in die Lobby hinunter. Vor dem Fahrstuhl bleiben sie stehen, warten, bis die Tür sich öffnet, betreten den Fahrstuhl. Die Tür geht zu.

22 HOTEL EXCELSIOR/GANG INNEN/NACHT

Sie bewegt sich unsicher den Gang hinunter. Der Ägypter folgt ihr.
An der Zimmertür holt der Ägypter sie ein. Während sie aufsperrt.

ÄGYPTER: Wenn du nicht willst, dann mußt du es sagen. Wir müssen das nicht machen.

Hanna hält einen Moment inne und bleibt ratlos stehen. Der Ägypter streicht ihr zärtlich über den Arm.

ÄGYPTER: Du brauchst keine Angst vor mir zu haben.

Hanna blickt ihn erleichtert an.

HANNA: Okay.

Beide betreten das Zimmer.

23 HOTEL EXCELSIOR/ZIMMER INNEN/NACHT

Hanna macht das Licht an. Der Ägypter lehnt sich mit dem Rücken zum Fenster.
Sie legt die Tasche ab.

HANNA: Willst du etwas aus der Minibar?

Der Ägypter schüttelt den Kopf.

HANNA: Aber ich brauche etwas.

Sie geht zu der Bar und holt ein kleines Fläschchen Gin raus.

ÄGYPTER: Am besten, wir machen das jetzt gleich mit dem Geld. Es kostet 400 Mark.
HANNA: Okay, okay. Augenblick.

Sie holt vier Hunderter aus ihrem Portemonnaie und reicht ihm das Geld. Er steckt es weg.

ÄGYPTER: Danke.

Er geht zu dem Wandradio, schaltet es ein: Leise Musik dringt aus der Box. Er macht das große Licht wieder aus und knipst eine der kleinen Lampen an. Er beginnt, sich auszuziehen. Hanna beobachtet ihn dabei, während sie den Flachmann aufschraubt und trinkt. Beide sind durch das Bett getrennt. Erst zieht er das Jackett aus, dann die Hose, dann das Hemd, bis er in Unterwäsche vor ihr steht und sie anguckt.

HANNA: Soll ich mich auch ausziehen? Was soll ich machen? Ich weiß gar nicht, wie man das macht.

Der Ägypter winkt sie sanft zu sich her.

ÄGYPTER: Komm her.

Sie geht rüber zu ihm. Er stellt sich vor sie. Langsam und vorsichtig beginnt er, sie auszuziehen. Als er die Bluse aufknöpft, melden sich Widerstände.

HANNA: Nicht ...
ÄGYPTER: Hab keine Angst. Du gefällst mir. Sonst wäre ich nicht mitgekommen.

Er knöpft weiter das Hemd auf, bis der Bauch und der BH zum Vorschein kommen. Als er sie anfasst ...

HANNA: ... Ich weiß nicht ... ich fühl mich ... so ...
ÄGYPTER: Pscht ... Pscht ...

Er streicht ihr über das Haar.

HANNA: Das ist eine Perücke ...
ÄGYPTER: Ich weiß. Aber das ist nicht schlimm. Das ist alles nicht schlimm. Entspann dich. Sei ganz ruhig. Es gefällt mir mit dir. Sehr ...

Langsam streift er ihr die Bluse ab. Er küßt ihre Schulter, streichelt dabei ihre Hüften, drückt sie langsam und vorsichtig aufs Bett.

ÄGYPTER: Komm ... Leg dich hin ... Leg dich hin ...

Wenn sie liegt, gleitet er langsam auf sie.
Beide blicken sich an.

ÄGYPTER: Ist das so schlimm?

Hanna erwidert nichts. Auf einmal fangen ihre Beine an, heftig zu zittern.

HANNA: Oh Gott. Was ist das? Ich kann nichts dafür.
ÄGYPTER: Was ist denn? Ganz ruhig. Ganz ruhig. Ganz ruhig.

Eindringlich streicht er ihr über die Beine, bis sie sich beruhigt hat.

ÄGYPTER: Ganz ruhig. Ganz ruhig. Ganz ruhig. Wollen wir es lassen?
HANNA: Nein. Es gefällt mir. Ich bin bloß ... so aufgeregt.
ÄGYPTER: Das ist schön ...

Auf einmal umschlingt sie ihn mit den Armen. Beide ziehen sie ihm gemeinsam das Unterhemd aus. Für Momente blitzt sein schöner, brauner Körper über ihr auf.

ÄGYPTER zärtlich: Willst du deinen BH anbehalten?

Hanna schüttelt den Kopf, zieht ihn aus.
Der Mann schläft mit ihr langsam und vorsichtig. Sie beginnt leise zu keuchen, fast ein Husten. Sie schließt die Augen, preßt sie zu, als der Ägypter sich ein wenig heftiger auf ihr zu bewegen beginnt. Als sie sie öffnet, laufen ihr auf beiden Seiten die Tränen das Gesicht hinunter. Sie schluchzt, während er ihr mit den Händen über das Gesicht streicht.
Der Ägypter löst sich aus seiner reglosen Haltung und wälzt sich langsam von ihr runter. Sie dreht sich sofort um und zieht eine Decke über ihren Körper.

ÄGYPTER: Willst du rauchen?

Sie nickt. Er zündet ihr eine an und reicht sie ihr.

HANNA: Danke.

Beide schauen sich einen Moment an. Dann gibt er ihr einen zärtlichen Knuff, wälzt sich zum Bettrand, setzt sich auf.

ÄGYPTER: Es wird Zeit. Ich muß jetzt gehen.

Hanna nickt.
Der Ägypter steht auf und zieht sich schweigend an. Sie beobachtet ihn.
Er ist fertig angezogen. Er gibt Hanna ein Küßchen.

ÄGYPTER: Also. Auf Wiedersehen. Und mach's gut.
HANNA: Danke. Viel Glück.

Der Ägypter zieht sich im Hinausgehen das Jackett über. Die Tür fällt hinter ihm zu.
Hanna verharrt einen Moment reglos. Sie legt die Zigarette neben sich, holt den Riegel mit Prohypnon-Schlaftabletten aus der Tasche und bricht einige hinaus. Sie nimmt die Tabletten in den Mund und spült sie mit einer Flasche Wasser, die neben dem Bett steht, hinunter. Sie bleibt reglos liegen.
Abblende.
Aufblende.

24 HOTEL EXCELSIOR/ZIMMER INNEN/TAG

Totale Aufsicht. Hanna liegt noch genauso wie in der Nacht aufgedeckt da. Die Lampen brennen noch, und dadurch entsteht ein seltsames Licht.
Extreme Großaufnahme: Ihre Augen sind weit geöffnet. Die dicken, schwarzen Ränder sind verlaufen. Ab und zu zwinkert sie. Auf dem Make-up liegt eine Schweißschicht. Sie starrt an die Decke.
POV (Point of View) Hanna: Die beigefarbene Decke über ihr bewegt sich in einem Vertigoeffekt.
Langsam richtet sie sich auf.
POV Hanna: Die Kamera schwenkt von der Decke in den Raum: wieder der Vertigoeffekt. Im Spiegel taucht ihr Spiegelbild auf: Es verwackelt.
Hanna bleibt einen Augenblick schwankend auf dem Bett sitzen.

Dann der Griff in die Tasche, das rasche Herausbrechen von etwa einem Dutzend Kaptagol, der Griff zur Flasche, das Herunterspülen der Tabletten.
Dann steht sie langsam auf. Die Kamera nimmt sie von hinten auf, wie sie langsam um das Bett geht. Dann knickt sie ein, fällt auf den Boden und bleibt wie gelähmt vor dem großen Spiegel sitzen. Sie starrt ihr Spiegelbild an: Eines ihrer Beine liegt wie drapiert auf dem Hotelzimmerboden. Es ist ganz dünn und knochig und unrasiert. Ein Ausdruck von Verachtung überkommt sie bei ihrem Anblick. Sie stützt sich mit den Armen ab und steht langsam auf. Sich am Bettrand festhaltend und dann an der Wand, hinkt sie mit ihrem eingeschlafenen Bein Richtung Bad.

25 HOTEL EXCELSIOR/REZEPTION INNEN/TAG

Die Fahrstuhltür öffnet sich, und Hanna verläßt den Fahrstuhl. Sie ist auffällig gekleidet: Sie trägt einen tollen schwarzen Mantel, sie kommt auf die Kamera zu, die mit ihrem Blick hinüber zu Harry fährt, der ihr von der Rezeption mit einem Brief entgegenkommt.

HARRY: Guten Morgen, Frau Flanders. Sie sehen wunderbar aus. Der Mantel ist wunderschön.
HANNA: Vielen Dank.
HARRY: Was haben Sie vor?
HANNA: Ach, ich weiß es noch nicht. Vielleicht hinausgehen?
HARRY: Ja, unbedingt. Das Leben wartet auf Sie. Sie müssen Ihren schönen Mantel spazierenführen.
HANNA: Ja, das stimmt. Auf Wiedersehen.

Sie will gehen, Harry geht ihr hinterher und überreicht ihr ein gefaltetes Papier.

HARRY: Ach, das hätte ich fast vergessen. Bitte schön. Ich wünsche Ihnen einen wunderschönen Tag.
HANNA: Danke schön, Harry, Ihnen auch.

Auf dem Weg nach draußen entfaltet sie das Papier und liest: POV Hanna: Das Faxpapier, auf dem folgendes in Computerschrift steht: Es tut mir wahnsinnig leid, daß ich dich nicht abholen konnte. Ich habe es nicht geschafft. Bitte melde dich bald. Viele Grüße, Joachim.

26 STRASSE VOR VERLAG NEUE WELT AUSSEN/TAG

Das Taxi hält vor einem alten preußischen Prachtbau, dem Verlagsgebäude, an. Hanna steigt aus und betritt das dunkle Gemäuer.

27 VERLAG NEUE WELT/GROSSER GANG INNEN/TAG

Hanna geht den Gang hinunter.

28 VERLAG NEUE WELT INNEN/TAG

Sie betritt einen Raum mit mehreren Monitoren. Die versprengten Reste einer Marathonparty sitzen und stehen auf engstem Raum herum. Tische mit Flaschen, Gläsern, übervollen Aschenbechern, ein Mann torkelt mit kreisenden Bewegungen von einem Tisch zum nächsten, Joachim steht mit dem Rücken zu Hanna mit zwei lachenden, betrunkenen Sekretärinnen herum (und albert mit ihnen herum), deren Blicke streifen kurz Hanna, die dasteht und guckt, bis der Betrunkene kommt.

BETRUNKENER MANN laut: Na du alte Sportskanone! Wo ham'se dich denn ausgegraben?

Hanna geht an dem Mann vorbei zu Joachim und betrachtet ihn, bis er sie bemerkt. Es dauert einen Moment, bis er sie wahrzunehmen scheint.

JOACHIM: Hanna! Hanna! Was machst du denn hier?
HANNA: Hallo, Joachim.
JOACHIM: Hallo, Hanna. Du jetzt schon hier?
HANNA: Ich habe dein Fax bekommen.
JOACHIM: Mein Fax, mein Fax? Helft mir? Was für ein Fax?
FRAU: Das hat bestimmt deine Tippse geschrieben.
FRAU II: Das persönliche Standardfax von der Tippse mit deiner nachgemachten Unterschrift.
JOACHIM: Das stimmt nicht! Das stimmt nicht. Meine Sekretärin kann doch gar nicht schreiben.

Der betrunkene Mann kommt wieder näher und deutet quasi auf Hanna.

MANN: Das ist die Flanders. Dich kenn ich. Du bist doch diese verwöhnte, blöde Fotze aus dem Westen, die außer irgendwelchen Champagnerempfängen in Moskau nie was von unserer politischen Wirklichkeit mitgekriegt hat und nur an die Scheiß-DDR geglaubt hat, weil sie das einzige Land war, das noch ihren geistigen Dünnschiß gedruckt hat.

Joachim fängt laut an zu lachen. Hanna sieht ihn nur an.

JOACHIM: Entschuldige, Hanna. Entschuldige wirklich, aber ... aber ... das ist wirklich zu viel!

Hanna wendet sich zum Gehen.
Joachim erholt sich, geht ihr hinterher, hält sie auf.

JOACHIM: Hanna! Hanna! Du darfst jetzt nicht gehen! Nicht in so einem, so einem historischen Augenblick!

Hanna geht weiter, den Gang hinunter ... Joachim neben ihr ...

JOACHIM: Entschuldige ... Entschuldige ... ich hab ganz schön einen im Tee! Wir sind hier seit zwei Tagen zugange.
HANNA: Es war vielleicht keine so gute Idee, daß ich aufgetaucht bin.
JOACHIM: Hanna! Hanna! Jetzt sei doch nicht traurig. Was hast du denn erwartet?
HANNA: Ich weiß, man soll am besten gar nichts von irgendjemandem noch erwarten ... aber ich bin auch ein bißchen aufgrund unserer damaligen Gespräche hier ... aber wahrscheinlich erinnerst du dich nicht mehr.

Joachim bleibt stehen und schaut sie auf einmal aufmerksam an.

JOACHIM: Natürlich erinnere ich mich an die Gespräche, die wir geführt haben. Aber ich kann meine Versprechen nicht mehr einlösen, verstehst du, Hanna? Die Zeiten haben sich drastisch geändert.
HANNA: Das klingt wie ein Satz aus einem schlechten Film über die Nazizeit.
JOACHIM: Aber es ist eben so.

Hanna bleibt, zu Boden blickend, abwartend stehen.
Joachim blickt sie aufmerksam an.
Sie will gehen, aber Joachim hält sie zurück.

JOACHIM: Es tut mir leid, daß ich deine Erwartungen nicht erfüllen kann. Ich weiß, ich hab dir damals versprochen, dich bei mir unterzubringen. Aber ich kann es nicht, denn ich lebe nicht mehr allein.

Im Verlag
Michael Gwisdek (Joachim), Hannelore Elsner (Hanna Flanders)
Hannelore Elsner (Hanna Flanders), Nina Petri (Grete)

Außerdem, wie kann ich ahnen, daß du tatsächlich mit deinen Möbeln ohne Vorwarnung auftauchst?
HANNA: Natürlich nicht. Ist schon gut.

Im Gang erscheint jetzt eine kleine Delegation von Leuten. Joachim begrüßt einen bedeutend aussehenden alten Mann aus dem Westen, Unscheid, dessen beide Begleiter stellen sich Joachim vor, die restlichen drei sind Verlagsangestellte in Joachims Verlag.

JOACHIM: Rauh.

Hanna steht währenddessen abseits, Unscheid und Hanna tauschen einen Blick. Joachim bemerkt das.

JOACHIM: Hanna Flanders, Wolf Unscheid. Bin ich blöd? Du bist ja ihr Verleger, seit sie zwanzig ist.

Unscheid guckt sie wie aus weiter Ferne an.

UNSCHEID: Wir arbeiten nicht mehr zusammen.
HANNA: Ich muß jetzt gehen. Mach's gut, Joachim.

Sie wendet sich ab und geht den Gang hinunter.

JOACHIM: Mach's gut.

Die Männer blicken ihr nach.

DDR-VERLAGSANGESTELLTER: Die sieht echt alt aus.
DDR-VERLAGSANGESTELLTER II: Tragisch. Die hat echt geglaubt, der Kommunismus könne sie vor dem Untergang retten.

Hanna hat vielleicht Fetzen aus dem Off mitbekommen. Sie läuft weiterhin den langen Gang hinunter oder biegt in einen Nebengang. Sie sieht niedergeschlagen und unglücklich aus.

29 VERLAG/KLEINER GANG INNEN/TAG

Grete, eine Lektorin des Verlags, kommt ihr entgegen und erkennt sie. Gerade als Hanna an ihr vorbeigeht, spricht sie sie an.

GRETE: Frau Flanders. Wissen Sie noch, wer ich bin?

Hanna schaut sie abwesend an.

HANNA: Nein. Tut mir leid. Ich kann mich nicht erinnern.
GRETE: Wir haben mehrmals miteinander gesprochen, als Ihr erstes Buch, »Der Punktsieg«, bei uns herauskam.
HANNA: Ah wirklich? Oh, Entschuldigung. Ich kann mich im Moment an nichts erinnern.
GRETE: Das macht nichts. Kann ich Ihnen helfen? Zu wem wollen Sie denn?

Hanna schüttelt schwach den Kopf.

HANNA: Kann ich mich irgendwo einen Moment setzen? Ich habe kaum geschlafen und einen Umzug hinter mir. Aber keine Wohnung. Die Wohnung, die man mir zugesagt hatte, das ist leider geplatzt. Jetzt bin ich mit meinen ganzen Sachen hier und weiß nicht, wohin.
GRETE: Das ist ja furchtbar. Warten Sie. Kommen Sie erst mal mit zu mir. Wir setzen uns zu mir rein, ich habe gerade einen Kaffee gemacht.

Die beiden Frauen gehen in die Tiefe des Nebengangs ab und verschwinden in einem Zimmer weiter hinten.

30 VERLAG/ZIMMER GRETE INNEN/TAG

Die beiden Frauen sitzen beim Kaffee:

GRETE (denkt nach): Wir werden schon eine Lösung finden.
HANNA: Der Kaffee ist wirklich sehr gut. Da ist etwas drin, das ich sehr mag. Das erinnert mich an etwas.
GRETE: Das ist Zichorie. Zichorienkaffee ist das. Den hat man hier immer getrunken, weil man keinen Richtigen bekam.
HANNA: Ah ja?

Ihr kommen auf einmal die Tränen.
Grete steht auf und setzt sich zu ihr auf die Lehne. Hanna läßt den Kopf an sie sinken. Grete nimmt sie einen Moment in den Arm. Hanna löst sich.

HANNA: Es geht schon wieder.

Sie steht abrupt auf.

HANNA: Ich muß jetzt gehen.
GRETE: Und wo wollen Sie hin?

Hanna zuckt mit den Achseln.

GRETE: Das kommt überhaupt nicht in Frage. Ich laß Sie nicht gehen. Außerdem fällt mir gerade eine Wohnung ein. Der Verlag hat eine Autorenwohnung. Sie ist etwas weit draußen, aber für's erste ist das vielleicht okay.
HANNA: Was, wirklich? Und da könnte ich erst mal rein?
GRETE: Ja. Sie ist, wie gesagt, etwas weit draußen und nicht besonders schön.

HANNA: Aber das macht doch gar nichts.
GRETE: Wollen wir gleich hinfahren?!
HANNA: Ja, klar, gerne!

31 AUTO/GRETE/STRASSE INNEN/TAG

Totale mit dem Auto/Kamera durch Windschutzscheibe. Die Kamera nimmt die beiden Frauen von hinten auf, so daß man durch die Windschutzscheibe die Gegend sieht, durch die der Wagen fährt. Es sind Straßen einer östlichen Vorstadt, grau und mit verfallenen Fassaden. Die Lektorin fährt. Beide Frauen rauchen.

GRETE: ... Ich bin sehr gespalten, was meine Gefühle angeht. Ich weiß noch nicht, ob das alles gut ist. Aber ich bin auch kein Mensch, der so Massenaufläufe verträgt. Vielleicht soll man sich nicht zuviel fragen. Vielleicht muß man sich einfach mitreißen lassen.
HANNA: Ja, vielleicht.

Sie raucht und betrachtet Grete: Die Lektorin sieht müde aus. Die Zigarette hängt ihr im Mundwinkel. Grete inhaliert und guckt rüber. Hanna lächelt und deutet auf ihren Mundwinkel.

GRETE: Ich rauch Kette.
HANNA: Ich auch.

Beide Frauen lachen leise und heiser.

32 STRASSE VOR WOHNUNG GRETE AUSSEN/TAG

Totale einer gigantischen Ödnis. Zwischen Brachland und gefrorenen Feldern liegen Fabriken und Plattenbauten. Der Wagen fährt ins Bild und hält vor einem der Häuser.

Hanna und Grete steigen aus.
Grete wirft die Wagentür zu und ruft Hanna zu.

GRETE: Hier ist es.

Die beiden Frauen steuern den Eingang des Gebäudes an.
Hanna blickt sich um.
POV Hanna: Die Fassade des Gebäudes ist abgegriffen. Ein paar Fenster sind eingeschlagen. Offenbar stehen Wohnungen leer.
Grete schließt auf, und die beiden Frauen betreten das Haus.

33 WOHNUNG GRETE/TREPPENHAUS INNEN/TAG

Das Treppenhaus ist niedrig und düster. Grete steuert gleich die erste Wohnung an: Parterre. Sie sperrt auf und läßt Hanna hinein.

GRETE: Wie gesagt. Es ist nicht sehr schön.
HANNA: Das macht nichts. Das macht nichts.

34 WOHNUNG GRETE INNEN/TAG

Die beiden Frauen durchqueren den schmalen Gang zu dem hinteren Zimmer. Grete zieht einen Plastikvorhang zur Seite. Der Blick wird freigegeben auf einen Durchgang mit Müllcontainern. Hanna läßt den Blick kreisen: Die Wohnung ist ein Loch mit Flecken an den Wänden. Eine alte Couchgarnitur steht herum. Das Ganze wirkt trostlos.
Grete bemerkt Hannas leichtes Entsetzen.

GRETE: Du mußt nicht hier bleiben. Ich kann dich auch bei mir unterbringen. Komm, wir fahren wieder. Ich wußte nicht, daß es hier mittlerweile so aussieht.

Notunterkunft
Hannelore Elsner (Hanna Flanders), Nina Petri (Grete)

HANNA: Nein, nein. Es geht schon ...
GRETE: Wirklich? (Dreht die Heizung auf)
Ich muß für drei Tage nach Dresden. Dann komm ich zurück und hol dich sofort hier raus. Meinst du, so lange hältst du's hier aus?
HANNA: Klar.

35 WOHNUNG GRETE/TREPPENHAUS VOR WOHNUNG — INNEN/AUSSEN/TAG

Grete umarmt Hanna, und Hanna erwidert die Umarmung.

GRETE: Also, dann tschau.
HANNA: Tschau, und vielen Dank.
GRETE: Du brauchst dich nicht zu bedanken. Ich mag dich sehr gerne.
HANNA: Ich dich auch.

Beide Frauen drücken sich heftig. Grete entfernt sich. Hanna blickt ihr nach. Grete winkt ihr am Auto zu.

GRETE: Wir finden eine Lösung, tschau.
HANNA: Tschau.

Grete steigt ins Auto, läßt den Motor an und fährt los.
Hanna wartet und sieht dem Wagen nach, der immer kleiner wird.
Dann geht sie wieder rein.
Sie geht zurück ins düstere Treppenhaus und geht auf die Wohnungstür zu. Sie tritt in die Wohnung.

36 WOHNUNG GRETE — INNEN/TAG

Hanna sitzt auf der Couch wie in der Anfangseinstellung des Films. Sie raucht, blickt ins Leere. Vor ihr auf dem Tischchen stehen ein Glas Wasser und die Kaptagol-Packung. Aus dem Off, aus einer Nebenwohnung, dringen die Stimmen und Kommentare der Wiedervereinigung.

37 STRASSE VOR DER WOHNUNG GRETE AUSSEN/DÄMMERUNG

Hanna verläßt das Haus. Sie geht hinaus auf das angrenzende Brachland.
Eine weite Fläche aus gefrorener, brauner Erde liegt vor ihr. Am Horizont geht die Sonne unter, ein roter Ball. Hanna geht trotz ihrer hohen Schuhe sicher über den Boden. Sie atmet die kalte Luft ein. Das erste Mal an diesem Tag scheint es ihr gutzugehen. Mit der Stiefelspitze tritt sie ein Loch in die hauchdünne Eisschicht, die sich über einer Pfütze gebildet hat. Sie hält einen Moment inne: Sie atmet tief ein und tief aus. Sie blickt sich um: In der Ferne fährt die S-Bahn mit erleuchteten Fenstern. Hanna geht wieder auf den Sonnenball zu. Es wird rapide dunkel. Von irgendwoher dringen Schreie und Gejohle von Betrunkenen.
Abblende.
Aufblende.

38 STRASSE VOR KNEIPE AUSSEN/NACHT

Es ist dunkel, weit entfernt im Hintergrund die Plattenbauten mit ihren erleuchteten Fenstern. Hanna kommt frontal auf die Kamera zu und bleibt einen Augenblick stehen.
Vor ihr liegt ein flacher Pavillon, eine Art Arbeiterunterkunft, die man provisorisch zu einer Kneipe umgerüstet hat. Die Fenster sind erleuchtet und voller Menschen. Aus dem Innern dringt Musik und lautes Lachen.
Hanna gibt sich einen Ruck und geht an der Kamera vorbei. Zielstrebig geht sie die letzten Meter auf die Kneipe zu.

39 KNEIPE INNEN/NACHT

Hanna betritt die Kneipe, die überfüllt und voller Leben ist, und steuert, ohne sich umzublicken, direkt den Tresen an, der auch ziemlich belagert ist, und stellt sich zwischen die Leute.
Der Kneipier, einer von den Leuten, ist mit Ausgeben beschäftigt. Er schenkt aus einer großen Wodkaflasche immer wieder nach. Das Bezahlen scheint keine große Rolle zu spielen.
Er kommt auf Hanna zu.

KNEIPIER: Was darf's denn sein?
HANNA: Das Gleiche wie alle.

Der Kneipier stellt ihr ein Glas hin und schenkt schwungvoll nach.

KNEIPIER: Auf Ihr Wohl.
HANNA: Auf Ihr Wohl, danke.

Sie nimmt einen tiefen Schluck und stellt ihr Glas ab. Vorsichtig blickt sie sich um. Ein paar Barhocker weiter im Gedränge schaut ein Mann sie an. Er ist in ihrem Alter, eher unscheinbar, trägt einen Bart und etwas längere Haare, Dieter.
Er prostet ihr zu. Hanna prostet zurück und trinkt erneut. Sie stellt das Glas ab und schaut woandershin. Der Kneipier schenkt ihr nach. Er stößt mit der Flasche mit ihr an. Hanna trinkt erneut einen tiefen Zug.

KNEIPIER: Tut gut, hm.
HANNA: Tut wirklich gut.

Sie setzt das Glas ab und blickt sich dankbar um. Wieder fängt sie den Blick des Mannes auf, der ihr erneut zuprostet. Hanna prostet zurück, trinkt, blickt sich im Rest der Kneipe um.

Im Raum sind verschiedenste Leute verschiedensten Alters, alles DDR-Bürger, im Stil der Wende gekleidet, teils Familien, teil Cliquen, alle vehement dabei, sich zu betrinken, wild durcheinanderzudiskutieren. Ein paar Leute werfen ihr Blicke zu. Der Mann mit dem Bärtchen tritt auf sie zu. Er stößt mit seinem Glas an ihres und stellt sich neben sie.

DIETER: Ich bin der Dieter. Prost.
HANNA: Hanna. Prost. (Trinkt)
DIETER lacht: Du scheinst ja ganz schön trinkfest zu sein.
HANNA: Ich habe schon so manchen Russen unter den Tisch gesoffen.
DIETER: Du weißt, daß ich dich kenne?
HANNA: Nein, das wußte ich nicht.
DIETER: Du weißt, daß du in unserem Land ziemlich bekannt bist, oder?
HANNA: Schon eher, ja.
DIETER: Ich hab alle deine Bücher gelesen.
HANNA: Was, ehrlich?
DIETER: Mhm. Am besten hat mir dein letztes gefallen. Das über den Selbstmord deiner Schwester, und wie es dazu kam.
HANNA: Das freut mich. Das hat den wenigsten gefallen. Es war vielen Leuten zu hart.
DIETER: Nein, nein. Das hat mich echt betroffen gemacht. Das ist echt ein ergreifendes Porträt von der Barbarei der zwischenmenschlichen Beziehungen.
HANNA: Woher weißt du, daß das meine Schwester war?
DIETER: Das hab ich recherchiert, weil ich das Buch in den Unterricht nahm.
HANNA: Du bist Lehrer?
DIETER: Deutsch und Geschichte. Hier an der Schule. Fatale Mischung.
HANNA lächelt: Na dann Prost. Auf die fatale Mischung.

Beide trinken. Dieter schaut sie an, lächelt.

DIETER: Ich wußte gar nicht, daß du so hübsch bist.
HANNA lächelt: Danke.

Beide stellen ihr Glas ab.

HANNA: Und? Wie findest du's so, das Ganze?
DIETER: Ach, wie soll ich's schon finden? Ich leb so oder so. Ich halt mich an andere Sachen. (Guckt auf ihre Brüste)
HANNA: Ach, ich find das alles ziemlich deprimierend.
DIETER: Brauchst du doch nicht.

Er nimmt sie tröstend in den Arm.

DIETER: Brauchst du doch wirklich nicht, hm? (Schüttelt sie ein bißchen) Komm, wir trinken noch einen. Gregor. Schenk noch mal nach.

Dieter starrt ihr direkt in die Augen.

DIETER: Das hab ich gleich gesehen, daß du nicht glücklich bist. So was seh ich sofort. Vielleicht kann ich dich ja glücklich machen.

Der Kneipier schenkt nach.

DIETER in die Runde: Auf die tollste Frau hier. Auf die tolle Hanna!

Hanna muß lachen.

Dieter ergreift das Glas und umschließt Hannas Arm zu einem Brüderschaftskuß: Sie trinkt aus seinem Glas, er aus ihrem.

Fatale Mischung
Bernd Stempel (Dieter), Hannelore Elsner (Hanna Flanders)

Dann küßt er sie und versucht, ihr die Zunge in den Mund zu stecken.
Sie hat Mühe, sich zu lösen, ist aber amüsiert.

HANNA: Aber hallo. Du gehst ja ganz schön ran. Mein lieber Scholli.
DIETER: Das Leben ist kurz, Hanna. Auf deine Brüste. Du hast echt schöne Brüste.

Er stößt mit ihr an, kippt sein Glas runter, setzt ab, starrt dabei auf ihre Brüste und dann ihr direkt in die Augen.

DIETER: Ich faß mal an, ja?

Er faßt ihren Busen an, tastet ihn ab. Sie läßt es einen Moment zu, wehrt sich dann, schiebt seine Hände weg.

HANNA: Komm, hör auf.
DIETER: Warum denn? Es gefällt dir doch. (Will weitermachen)
HANNA: Nein, hör auf. Nimm die Finger weg.
DIETER: Ach, komm schon. Jetzt hab dich nicht so. Dich hat doch bestimmt schon lang keiner mehr angefaßt, oder?
HANNA: Was geht dich denn das an. Laß mich in Ruhe.

Er faßt sie wieder an und zieht sie dabei näher zu sich.

DIETER: Oh, komm schon. Das ist schön. Du mußt dich bloß erst wieder dran gewöhnen. Laß dich einfach gehen.

Hanna reißt sich mit Gewalt los.

HANNA zum Kneipier: Könnten Sie vielleicht dafür sorgen, daß er aufhört?

Sie bleibt mit letzter Selbstbeherrschung stehen.

KNEIPIER: Laß die Frau in Ruhe, Dieter. Hör auf, sie zu belästigen.

Der Kneipier wird weiter von anderen Leuten beansprucht.

DIETER zu Hanna: Spinnst du? Was holst du den da um Hilfe? Was hab ich dir denn getan?
HANNA: Dann laß mich gefälligst in Ruhe. Ich hab dich nicht gebeten, mich anzufassen.
DIETER: Du bist ne ganz blöde Fotze, verstehst du. Sei froh, wenn dich noch einer anfaßt. Schau dich doch mal an, du olle Kuh.

Hanna blickt ihn herablassend an.

DIETER: Ja, da glotzt du, he? Hier, mit deinen Hängetitten. Hanna Flanders. Hat seit zwanzig Jahren nur noch Scheiße geschrieben.
HANNA: Du kleiner Lehrer. Niemand hat dich hierhergebeten. Also geh wieder dahin, wo du herkommst. (Wendet sich von ihm ab)

Der Lehrer schnellt vor und stößt sie gegen den Tresen. Sie fällt fast.

DIETER: Dir werd ich's zeigen.

Die Leute werden aufmerksam und gucken.
Hanna richtet sich auf. Auf ihrem Gesicht ist jetzt ein Ausdruck von Selbstbeherrschung und Angst.

HANNA: Kann jemand den Mann festhalten, damit ich in Ruhe gehen kann?

KNEIPIER: Laß die Frau in Ruhe, Dieter. Oder du kriegst es mit mir zu tun.

Leute stellen sich zwischen Dieter und Hanna und halten ihn zurück.

MANN: Laß sie in Ruhe. Beruhig dich. Geh wieder hinter.

Langsam wendet sich Hanna ab und dem Ausgang zu.
Eine Frau kommt auf sie zu. Sie ist Mitte Vierzig, eine Arbeiterfrau. Carmen.

CARMEN: Der läßt Sie in Ruhe. Kommen Sie. Trinken Sie mit uns noch einen. So was darf nicht passieren in solchen Tagen ... kommen Sie mit zu uns.
ANDERE FRAU: Ja, kommen Sie.
HANNA: Ein andermal gerne. Ein andermal komme ich gerne. Aber ich glaube, ich werde jetzt besser gehen. Ich hab einen langen Tag hinter mir.
CARMEN: Aber nicht böse sein. Das dürfen Sie nicht übelnehmen. Einen müssen Sie mit uns noch trinken.
HANNA: Ja einen, okay.

Die Leute reichen ihr einen Drink.

CARMEN: Auf die Wiedervereinigung. Daß wir uns alle verstehen und wieder ein Volk werden.
HANNA: Auf das Verstehen, ja.

Sie stoßen an und trinken.

CARMEN: Nicht mehr böse sein, ja? Der Dieter ist einfach betrunken. Das macht der sonst nicht.
HANNA: Is schon okay.

CARMEN: Versprochen?
HANNA: Versprochen. Also dann, tschau.

Die Leute grüßen ihr freundlich hinterher. Sie verläßt das Lokal.

40 STRASSE VOR WOHNUNG GRETE
AUSSEN/NACHT

Eine Totale. Hanna geht bei Dunkelheit hinein und verliert sich darin.
Die Orientierung suchend, taucht sie schließlich vor ihrem Haus auf und geht hinein.

41 WOHNUNG GRETE INNEN/NACHT

Ebenfalls hier 35 und 16 mm, besonders für die unheimlichen Subjektiven, den Blick hinaus aus dem Fenster, der dämonisch ausgeleuchtet sein muß.
Die Kamera ist in der Wohnung postiert. Die Tür geht auf. Im Flur geht Licht an. Hanna tritt näher und macht im Zimmer Licht: Eine Glühbirne an der Decke wirft spärliches Licht auf die deprimierende Umgebung. Hanna sieht aus wie ein Gespenst. Sie geht zum Sofa und setzt sich. Sie sucht in ihrer Tasche und holt die Packung Prohypnon hervor und bricht etwa 10 Tabletten heraus, die sie mit einem Glas Wasser herunterspült. Sie stellt das Glas ab und bleibt einen Moment so sitzen.
Aufsicht: Es ist nahezu dunkel. Nur von außen fällt fahles Licht auf Hannas reglose Gestalt, die auf der Couch liegt und an die Decke blickt. Ab und zu blinzelt sie mit den Augen. Ansonsten bewegt sich nichts, und es ist totenstill.
An der Decke bilden Schatten ein Muster. Ein Auto fährt vorbei, und die Scheinwerfer bewegen einen Moment andere Schatten. Dann ist wieder alles still.

Sie dreht den Kopf, starrt die Wand an, wälzt sich auf die andere Seite und richtet sich abrupt auf. Sie starrt auf die leere Tablettenhülle auf dem Tisch, die deutlich scharf mit dem Schriftzug Prohypnon hervorsticht.
Mit einem tiefen Seufzer steht sie auf. Sie tritt ans Fenster und bleibt dort einen Moment stehen.
Draußen stehen die Müllcontainer reglos im fahlen Licht.
Wieder atmet sie tief ein und aus.

HANNA: Ein Alptraum ist das. Ein Alptraum ... jetzt kann ich nicht mal mehr schlafen.

Wieder starrt sie hinaus. Sie faßt sich an den Kopf und stellt fest, daß sie die Perücke nicht aufhat. Sie fährt herum und starrt auf die Couch.

Die Perücke liegt da: Es sieht unheimlich aus.

Sie nimmt die Perücke und geht ins Bad. Sie macht Licht.
Es ist sehr hell. Vor dem Spiegel, ordentlich aufgereiht, stehen ihre teuren Kosmetika.
Sie blickt sich im Spiegel an, setzt die Perücke auf und rückt sie gerade. Sie wirft einen letzten Blick in den Spiegel und löscht wieder das Licht.

42 STRASSE VOR WOHNUNG GRETE

AUSSEN/NACHT

Totale: Sie tritt durch die Haustür in das nächtliche Dunkel und geht über das Brachland auf die Kamera zu. Lange bleiben wir diesmal auf ihr. Sie geht und geht.

Brachland
Hannelore Elsner (Hanna Flanders)

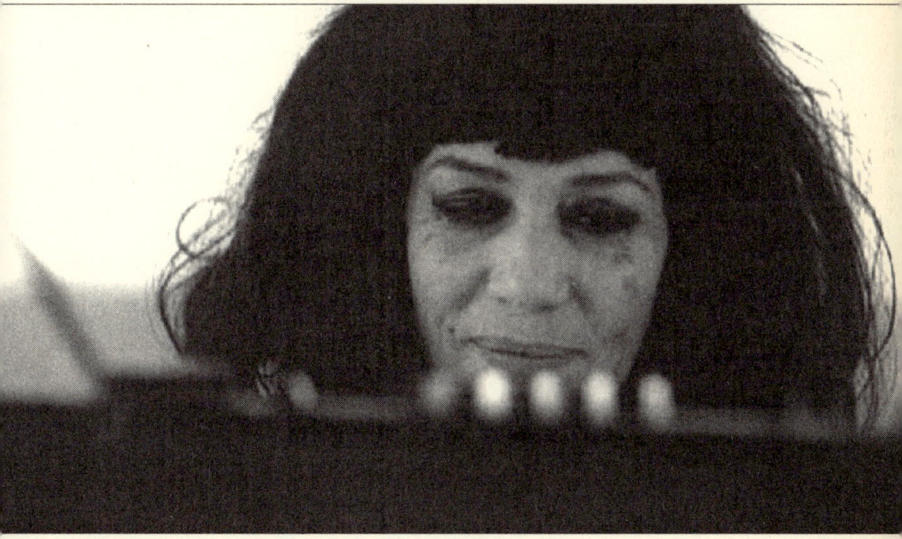

43 STRASSE VOR IMBISS AUSSEN/ MORGENDÄMMERUNG

Sie ist eine kleine Gestalt vor dem langsam heller werdenden Horizont und kommt auf die Kamera zu. Sie schluchzt, und ihr Körper bebt. Im Hintergrund sehen wir Fabriken, Schlote schicken dicken Rauch in die Luft. Eine Sirene ertönt irgendwo weit weg.
Arbeiter kommen ins Bild, laufen auf Hanna zu.
Sie macht einen Bogen, kommt dann näher auf die Kamera zu. Sie wischt sich die Tränen aus den Augen. Sie stolpert. Sie hat kaum noch Kraft, aber sie beruhigt sich ein wenig, und ihr Gesicht nimmt einen weicheren Ausdruck an. Die Bilder des gewöhnlichen Lebens beruhigen sie. Lange bleiben wir auf ihr.
Vor ihr liegt jetzt ein Imbiß, der mitten auf dem Feld steht. Im Hintergrund Fabriken. Vor dem Imbiß stehen ein paar Plastiktische. Der Imbiß hat schon offen. Musik aus einem Kofferradio dringt zu ihr herüber. Es ist ein Song von Ella Fitzgerald.
Sie tritt an den Tresen. Ein dicker, freundlicher Mann kommt mit fragendem Gesicht zu ihr.

HANS (IMBISSVERKÄUFER): Guten Morgen? Na? Und? Gut gefeiert?
HANNA lacht: Ja … (Schneuzt sich die Nase)
HANS: Brauchst du was Heißes?
HANNA: Was Heißes wäre gut, ja.
HANS: Ich habe Kaffee anzubieten, oder Grog?

Der Imbißverkäufer lächelt freundlich übers ganze Gesicht.

HANNA lacht: Oh, ich glaube, ich nehme einen Grog.
HANS: Dacht ich mir.

Er schenkt ein.

HANNA: Was kostet das?

Der Imbißverkäufer winkt ab.

HANS: Gar nichts. Für dich gar nichts heute morgen.
HANNA: Vielen, vielen Dank. Auf dich. (Trinkt)

Der Imbißverkäufer tritt vor die Tür und macht eine ausholende Bewegung in die freie Landschaft. Hanna dreht sich um. Wieder Arbeiter, Frauen, Kinder, verteilt über das Feld Richtung Fabrik.

HANS: Und die Menschen gehn in Kleidern schwankend übern Kies spazieren unter diesem großen Himmel, der von Hügeln in der Ferne sich zu fernen Hügeln breitet.

Er stellt Tische zurecht, rückt Barhocker gerade, geht wieder rein. Sie hört verzückt dem Radio zu, dem Song von Ella Fitzgerald.
Eine Frau tritt an den Tresen. Es ist Carmen.

CARMEN: Einen heißen Kaffee, bitte, Hans.

Hanna blickt zu ihr hinüber und erkennt sie wieder.

CARMEN: Hallo. Was ist denn mit Ihnen?
HANNA: Hallo. Oh, entschuldigen Sie, ich muß schrecklich aussehen.
CARMEN lacht: Ja. Sie sehen schrecklich aus. Aber das macht nichts. So sehen wir alle mal aus. Das macht nichts.
HANNA: Ich konnte nicht schlafen. Ich war die ganze Nacht wach. In dieser Wohnung, wo ich bin, sieht es so schlimm aus. Ich konnte da einfach nicht bleiben.
CARMEN: Dann kommen Sie doch mit zu mir. Da ist es

gemütlich. Ich habe Familie. Da gibt es ganz viele Kinder. Da stört einer mehr oder weniger gar nicht. Im Gegenteil.

HANNA: Na, ich weiß nicht. Wenn Sie Familie haben?

CARMEN: Die sind das gewohnt. Kommen Sie mit, ja?

HANNA: Aber ich bin sehr erschöpft. Ich glaube, ich muß schlafen. Ich hab mir auch überlegt, ob ich ein Taxi nehmen soll, ins Hotel, aber ich befürchte, ich hab nicht genug Bargeld. Ich muß erst auf die Bank. Gibt es eine Bank hier in der Nähe?

CARMEN: Erst kommen Sie mit zu mir – und schlafen – und ruhen sich aus. Und dann gibt's was zu essen, und dann lernen Sie meinen Mann und meine Kinder kennen und meine Verwandten aus Witterda, die grade da sind.

HANNA: Aus Witterda kommen die? Da kommt meine Mutter auch her.

CARMEN: Sie sind Thüringerin? Gebürtige Thüringerin?

HANNA: Nein. Ich komme aus Nürnberg, aber meine Mutter ist dort aufgewachsen bis zu ihrem zwanzigsten Lebensjahr.

CARMEN: Das ist ja komisch. Ich komm auch ursprünglich daher. Dann kommen Sie. Komm jetzt mal mit.

Carmen nimmt Hanna an der Hand. Sie merkt, daß sie schwach ist. Sie schüttelt den Kopf.

CARMEN: Wie kann man nur so mit sich umgehen. Armes Mädchen.

Sie drückt Hanna an sich. Hanna ist kurz davor, wieder zu weinen. Sie umarmt die Frau auch. Beide Frauen gehen in der Kälte ineinander verschlungen.

Familie Ost
Claudia Geisler (Carmen), Hannelore Elsner (Hanna Flanders)

44 WOHNUNG CARMEN/KLEINES ZIMMER

INNEN/TAG

Das Zimmer ist klein und gemütlich. Ein Laufställchen steht herum. Mehrere Regale mit Büchern. Es ist sehr bescheiden. Hanna liegt im Bett. Sie hat keine Perücke auf. Die Frau gibt ihr zu trinken. Sie streicht ihr über das Haar. Hanna setzt das Glas ab.
Die Frau deckt sie bis zum Kinn zu.

CARMEN: So, jetzt wird geschlafen.

Hanna lächelt und nickt. Dann schließt sie die Augen.
Carmen zieht die Vorhänge zu und verläßt den Raum.

45 WOHNUNG CARMEN/WOHNZIMMER

INNEN/NACHT

Im Vordergrund Sitzgelegenheiten um einen flachen Tisch. Die Familie und die Verwandten sitzen herum und feiern weiter die Wiedervereinigung. Die Kinder hocken auf dem Boden vor dem Fernseher herum.
Im Hintergrund taucht Hanna im Pyjama auf, ohne Perücke, verschlafen, etwas eingeschüchtert. Carmen entdeckt sie als erstes.

CARMEN: Na, da ist sie ja, meine Kleine. Gut geschlafen?

Sie steht auf und geht auf Hanna zu.

CARMEN: Komm. Zieh dir einen Morgenmantel an.

Sie holt ihr einen weißen Bademantel mit Karomuster hervor und hält ihn ihr auf.

Hanna: Aber so kann ich mich doch nicht an den Tisch setzen.
Carmen: Vor uns brauchst du dich nicht zu verstecken.

Sie führt Hanna zu ihrer Familie.

Carmen: So, jetzt stell ich euch vor. Das ist Hanna. Und das ist Alfons, mein Mann, und das ist Claudi, meine Schwester, und Horst, mein Schwager. Und das ist Dietmar, unser Flurnachbar, und Irene, seine Frau. (Alle reichen Hanna freundlich die Hand) Und das sind die Kinder. Sagt hallo.
Kinder: Hallo.

Carmen rückt Hanna einen Stuhl zurecht.

Carmen: So, und nun sind wir alle vollzählig. So, und nun komm, setz dich. Möchtest du einen Tee?

Hanna setzt sich, nickt, und Carmen schenkt ihr einen Tee ein. Hanna trinkt aus der Tasse und guckt sich dabei um: Die Leute am Tisch schauen sie erwartungsvoll an:

Claudi thüringisch: Carmen hat mir erzählt, daß Sie ursprünglich auch aus unserer Gegend sind.
Hanna setzt die Tasse ab: Ja, das stimmt.
Alfons: Und was hat Sie ausgerechnet hierherverschlagen? Haben Sie Verwandte hier?

Hanna schüttelt den Kopf.

Hanna: Das ist eine lange Geschichte.
Carmen: Laßt das Mädchen jetzt erst mal in Ruhe ihren Tee trinken. Die ist ja noch gar nicht richtig wach.

Horst tippt mehrmals auffordernd an sein Wodkaglas und schüttelt dabei fragend mit dem Kopf. Alle lachen.

Hanna lächelt und schüttelt den Kopf.
Irene haut Horst freundschaftlich gegen den Arm.

IRENE: Alter Kasper. Hör auf mit dem Quatsch.
HORST: Sie dürfen es uns nicht übelnehmen, wenn wir ein bißchen albern sind.
CLAUDI: Das ist die Freiheit, so banal das klingt.

Er prostet Dietmar zu, trinkt.

DIETMAR: Für ihn fängt das Leben grade erst an.
HORST: Was machen Sie von Beruf?
HANNA: Ich bin Schriftstellerin.
HORST: Ah, und woher?
HANNA schwach: Aus München.
CARMEN: Sie hat im Moment keine Heimat. Laßt sie erst einmal essen und ein bißchen warm werden mit uns. Bombardiert sie nicht gleich mit Fragen, Herrgott.
ALFONS: Is ja gut. Man wird sich ja wohl noch ein bißchen unterhalten dürfen, oder?
CARMEN: Ja, morgen kannst du dich unterhalten. Laßt sie erst mal zu sich kommen. Sie ist die ganze Nacht rumgeirrt. (Verläßt den Raum)
HANNA: Ist schon gut. Und was machen Sie?
ALFONS: Ich bin Setzer. Ich arbeite drüben in der Druckerei.
HANNA: Mhm.
CARMEN: Aber er war mal Journalist.
ALFONS: Das ist lange her.

Hanna wirkt auf einmal sehr erschöpft. Sie hat Mühe, die Augen offenzuhalten. Jedes Wort strengt sie an.

HANNA: Tut mir leid. Ich muß kurz aufstehen. Ich bin gleich wieder zurück.

Mit Mühe erhebt sie sich und durchquert den Raum.

46 WOHNUNG CARMEN/KLEINES ZIMMER INNEN/NACHT

Sie betritt das kleine Zimmer, geht an ihre Handtasche, holt hastig die Kaptagol heraus, schluckt vier davon mit einem Glas Wasser und verharrt einen Moment regungslos.
Im Hintergrund taucht Carmen auf.

CARMEN: Alles in Ordnung?

Hanna nickt.

HANNA: Ich komme gleich.

Carmen verschwindet.

47 WOHNUNG CARMEN/WOHNZIMMER INNEN/NACHT

Hanna sitzt im Zentrum der ganzen Gesellschaft auf der Couch. Sie ist angezogen und trinkt ebenfalls Alkohol. Ihr geht es offensichtlich gut, und sie hat sich akklimatisiert. Aus verschiedenen Richtungen wird auf sie eingeredet.

DIETMAR: Du kannst dir gar nicht vorstellen, was das für ein Befreiungsschlag ist. Jahrelang hat man uns das Denken verboten.
ALFONS: Kannst du dir vorstellen, wie das ist? Ich dachte immer, man verlernt die Sehnsucht nach der Wahrheit. Aber sie wird immer stärker.
CARMEN: Bis es eines Tages explodiert. Wir sind der Beweis dafür.

IRENE: Deshalb sind wir seit Tagen so glücklich. Das ist wie ein Rausch. Das habe ich noch nie so erlebt.
HANNA: Und meint ihr, daß es anhält?
IRENE: Darüber habe ich mir bisher keine Gedanken gemacht.
HORST: Darüber will ich mir auch jetzt gar keine Gedanken machen.
ALFONS: Aber du bist nicht grade begeistert.
HANNA: Mich hat das Ganze ziemlich aus der Bahn geworfen. Aber ich will euch eure gute Laune nicht verderben. Man ist viel zu selten glücklich.
CARMEN: Und was hat dich denn so aus der Bahn geworfen? Willst du drüber reden?
HANNA: Ach, ich weiß nicht ...
ALFONS: Wir haben bestimmt Verständnis dafür.

Hanna schüttelt den Kopf.

HANNA: Für mich war der Kommunismus bei euch ... wie eine heile Welt. Ich habe sehr unter den Verhältnissen im Westen gelitten, seit meiner Rückkehr aus England. Ich hab sogar in letzter Zeit immer öfter dran gedacht, nach Ostberlin zu ziehen. Jetzt ist das alles zusammengebrochen ... und ich fühl mich auch ... als wär ich zusammengebrochen ... irgendwie ..., aber wahrscheinlich darf man sich einfach nicht so beschissen ernst nehmen. Prost.

Alle prosten ihr zu und trinken.

HORST: Laß den Kopf nicht hängen. Siehst du. Du hast schon neue Freunde gefunden.
HANNA: Ja. Das stimmt.
DIETMAR: Scheiß-Kommunismus hin und her. Wir sind alles Menschen. Darauf kommt es an. Prost.

Alle trinken. Ein Kind macht per Fernbedienung den Fernseher unerträglich laut. Carmen stürzt sich auf die Fernbedienung.

CARMEN: Wie geht denn die Scheiß-Kiste leiser zu machen?

Alle lachen. Es gelingt ihr, den Ton leiser zu stellen.

HORST: Na, ist es nicht gemütlich bei uns?
HANNA: Es ist sehr gemütlich. Ich fühl mich das erste Mal wohl.
IRENE: Darauf stoßen wir noch mal an.

Alle trinken.

ALFONS: Du bleibst doch noch ein Weilchen bei uns, hm?
CARMEN: Klar bleibt sie. Bis sie sich wieder gefangen hat. Vorher laß ich sie nicht gehen. So ein wertvoller Mensch.
ALFONS: Nein, nein. Du bleibst bei uns. Ab jetzt gehörst du zu uns.
HANNA: Das ist sehr lieb von euch, wirklich.
ALFONS: So. Und jetzt guckt euch das mal an.

Die Runde blickt auf die Kinder am Boden, die vor dem Fernseher liegen, drei von ihnen in seligem Schlaf, einer, mit dem Finger im Mund, gerade dabei, ebenfalls einzuschlafen.

48 BAHNHOF ZOO/TELEFONZELLE AUSSEN/INNEN/TAG

48A WOHNUNG RONALD INNEN/TAG

Hanna steht mit dicker Reisetasche in einer offenen Telefonzelle am Bahnhof Zoo und telefoniert. Sie trägt ihre Perücke, ist stark geschminkt.

HANNA: Ronald? Ich bin's, Hanna. Es ist schiefgegangen.
RONALD off: (Pause) Ich verstehe.
HANNA: Ich habe kein Geld mehr. Ich muß nach München zurück. Ich nehm den nächsten Zug.
RONALD off: Ich verstehe. (Pause) Oh Gott, Hanna. Gibt es denn keine Möglichkeit, daß du noch bleibst? Ich kann dir Geld schicken.

Hanna schüttelt den Kopf.

RONALD off: Wo warst du heute nacht? Wo hast du geschlafen?
HANNA: Bei einer Familie. Bei ganz süßen Leuten weit draußen in Ostberlin. Die waren so lieb. Dic waren so süchtig danach, daß in ihrem Leben endlich etwas passiert. Daß sie frei sind. Das war das Beste, was mir passiert ist. Das war wie ein Sog. Die wollten leben und frei sein, mit jeder Faser ihres Lebens, das hast du gespürt. Die wollten sogar, daß ich bleibe.
RONALD: Und hättest du nicht noch ein bißchen bleiben können?
HANNA: Aber was soll ich denn da? Ich habe doch keine Chance... (Beginnt zu weinen) Ich hab doch überhaupt keine Chance. Das sind doch ganz andere Menschen. Was hab ich denn damit zu tun? Ich hab doch da überhaupt keine Chance.

49 WOHNUNG RONALD — INNEN/TAG

49A BAHNHOF ZOO/TELEFONZELLE — INNEN/AUSSEN/TAG

Ronald hockt, gegen die Wand gelehnt, auf seiner Matratze, den Hörer in der Hand. Die langen Haare verdecken teilweise sein Gesicht. Er hört zu, raucht ... (Ab hier schneiden wir jeweils zwischen der Telefonzelle und der Wohnung)

Hanna off/on: ... Da ist wieder politisch etwas passiert ... und ich habe es wieder verpaßt ... ich steh wieder außen vor, wie immer. Ich hab doch gar keine Chance mehr, mich zu reintegrieren ... ich hinke immer hinterher. Ich weiß auch gar nicht mehr, wieso ich jemals in diese komische DKP eingetreten bin. Ein riesiger Selbstbetrug war das. Da komm ich doch nie wieder raus.

Ronald: Rauchst du grade?

Hanna: Mhm.

Ronald off: Na, dann ist doch wenigstens noch nicht alles verloren.

Hanna heult jetzt, lacht gleichzeitig, schneuzt sich, wischt sich die Tränen ab.

Ronald: Na, siehst du.

Hanna: Ronald, ich bin einfach am Ende.

Ronald on/off: Darf ich versuchen, dir etwas zu erklären? Wie ich die Dinge sehe? Das hängt auch mit den Tabletten zusammen. Wir müssen aufhören damit. Zusammen. Ich komme nach München. Wir hören langsam auf – und gewinnen Stück für Stück die Wirklichkeit zurück. Wir nähern uns langsam wieder der Realität an. Wie einem Partner, dem man sich seit einer Ewigkeit entfremdet hat. Trotz aller Enttäuschungen, ja?

Hanna hat die ganze Zeit stumm zugehört. Sie zögert, dann ...

Hanna: Ja.

Ronald: Du bist sehr weit weg.

Hanna off: Das Kleingeld ist alle. Ich muß jetzt zum Zug. Tschau.

Ronald: Tschau.

Er hört das Klicken des Hörers, das Tuten in der Leitung. Er legt auf und blickt sinnierend vor sich hin.

50 INTERCITY/SPEISEWAGEN INNEN/TAG

Sie sitzt an einem Einzeltisch am Fenster. Vor ihr steht ein Glas Weißwein. Sie blickt hinaus in die Landschaft, raucht.
Sie öffnet die Handtasche auf ihrem Schoß und sucht herum. Ihre Hand findet den Riegel mit Kaptagol. Es sind nur noch drei Tabletten da. Für einen Moment erstarrt ihr Gesicht.
Sie bricht zwei Tabletten heraus und führt sie zum Mund. Dabei blickt sie sich um. Blicke von Leuten an Nebentischen ruhen auf ihr. Sie spült mit dem Weißwein nach und blickt zum Fenster hinaus, raucht ... Durch die Scheibe sehen wir, wie der Zug verlangsamt in einen Bahnhof einfährt. Das Schild: Nürnberg Hauptbahnhof taucht auf.
Hanna erhebt sich von ihrem Stuhl, nimmt ihre große Tasche über die Schulter und verläßt den Speisewagen.

51 EINFAMILIENHAUS/GARTEN AUSSEN/TAG

Hanna geht die letzten Meter am Zaun des Grundstücks entlang und blickt auf den Garten und das große Haus, das mit erleuchteten Fenstern hinter einer breiten, von Bäumen gesäumten Rasenfläche liegt. Sie klingelt. Ein weiteres Licht geht im Innern des Hauses an, eine Silhouette erscheint, die Tür wird geöffnet, Hannas Vater, ein großer, hagerer, weißhaariger Mann mit einem Denkergesicht, bedient den Türöffner. Hanna drückt die Gartentür auf und geht ihrem wartenden Vater entgegen. Die beiden umarmen sich.

VATER: Hannale. Das nächste Mal mußt du deinem Papa schon sagen, wenn du kommst. Damit er dich wenigstens abholen kann.

Familie West
Charles Regnier (Hannas Vater), Helga Göhring
(Hannas Mutter), Hannelore Elsner (Hanna Flanders)

HANNA: Ich versprech's.

Die beiden betreten das Haus. Die Tür schließt sich.

52 EINFAMILIENHAUS/TREPPENHAUS INNEN/TAG

Die beiden betreten durch eine Schwingtür das Treppenhaus. Alles ist ein bißchen zu niedlich eingerichtet und ein bißchen auf gemütlich gemacht. Hanna stellt ihre Tasche ab.
Im selben Moment kommt ihre Mutter die geschwungene Treppe hinunter. Sie ist eine kleine, üppige, energetische Person mit einem kleinen Gesicht, das seltsam jung geblieben ist. Irgendeine Wut steckt die ganze Zeit in ihr.

MUTTER: Was für eine Ehre, daß wir die Prinzessin auch mal hier sehen.

Sie begrüßt ihre Tochter mit einem fast ruppigen, autoritären Kuß.

HANNA: Hallo, Mama. Wie geht es euch?
MUTTER: Wie immer. Das sollte ich lieber dich fragen. Du kommst doch eh bloß hierher, wenn du was brauchst.
VATER irritiert: Das Geld vom letzten Monat haben wir doch überwiesen?
HANNA: Jaja, klar.

Die drei betreten das Wohnzimmer.

53 EINFAMILIENHAUS/WOHNZIMMER INNEN/TAG

Sie setzen sich auf die Couchgarnitur mit Blick auf den Garten. Ein Swimmingpool ohne Wasser leuchtet türkis in der Dunkelheit.

MUTTER: Willst du vielleicht ein Glas Wein?
HANNA: Gerne.
MUTTER: Vati. Hol uns doch mal einen Wein.

Der Vater steht auf und geht aus dem Bild.

MUTTER: Wie lange bleibst du?
HANNA: Ich? Heute nacht. Morgen kann ich noch bleiben.
MUTTER: Du siehst überhaupt nicht gut aus. Du bist ganz dünn und schmal geworden. Wie kommt das? Ißt du zu wenig?
HANNA: Ich rauche zuviel, und ich arbeite zuviel.
MUTTER: Wir haben versucht, dich anzurufen, als die Meldungen vom Mauerfall kamen. Um zu hören, ob bei dir jetzt endlich der Groschen gefallen ist. Aber du bist nicht ein einziges Mal ans Telefon gegangen. Du mußt wohl deine Gründe gehabt haben.

Hanna blickt ihre Mutter direkt an. Eine gewisse Gleichgültigkeit ist in diesem Blick. Sie raucht.

HANNA: Mama. Es lohnt nicht, zu streiten. Du hast es diesmal wirklich mit einem viel zu schwachen Gegner zu tun.
MUTTER: Aber wir streiten doch gar nicht. Was ist das denn für eine Einstellung? Ich will lediglich wissen, wo du die ganze Zeit warst.
HANNA: Zu Hause, wenn's dich genau interessiert. Ich hab das Telefon leise gestellt und nicht abgenommen.

Der Vater kommt mit dem Wein zurück, schenkt ein, stellt die Gläser hin.

MUTTER: Hast du das gehört. Sie war zu Hause und hat nicht abgenommen. Wir haben uns Sorgen gemacht.

Hanna raucht, schweigt.

MUTTER: Woher sollen wir denn wissen, ob du dich nicht gerade umgebracht hast?
VATER: Wie kannst du so etwas sagen?
MUTTER: Wieso denn nicht. Ihre Schwester hat's doch genauso gemacht.
VATER: Trudel, bitte reg dich nicht wieder auf. Hör dir doch erst mal an, was sie zu sagen hat. Außerdem trinken wir jetzt erst mal darauf, daß sie da ist. Prost Hannale.
MUTTER: Prost. Darauf, daß man dich endlich mal wieder zu Gesicht bekommt.
HANNA: Prost.
MUTTER: Nimmst du immer noch so viele Tabletten? Du hast schon wieder diesen harten Gesichtsausdruck. Du weißt, daß wir noch einen Aufenthalt nicht zahlen, wenn du noch mal auf Entzug mußt. Du hast dich immer noch nicht krankenversichern lassen, und dein Vater und ich sind nicht mehr bereit, diese astronomischen Summen zu zahlen.
HANNA: Ich hab sie runtergesetzt. Ich nehm nicht mehr viel.
VATER: Na jedenfalls ist sie jetzt erst mal hier und kann sich ein paar Tage ausruhen. Kommst du direkt aus München?
MUTTER: Sag lieber gleich, was du willst. Ohne Grund kommst du doch sowieso nicht hierher.

Hanna schüttelt den Kopf.

HANNA: Also so kann ich nicht reden. Mama übt schon wieder so einen Druck aus. Das hat gar keinen Sinn.
VATER: Ja, das stimmt. Laß sie doch erst mal hier ankommen.
MUTTER: Willst du mir Vorschriften machen, wie ich mich zu verhalten habe?

Der Vater erwidert darauf nichts. Die gespannte Stimmung nimmt zu.
Hanna blickt ihre Mutter hart an.

HANNA: Okay, Mama. Du hast recht. Ich brauche Geld. Ich bin vollkommen pleite. Ich wollte nach Berlin ziehen. Dafür ist mein ganzes Geld draufgegangen. Es hat nicht geklappt. Jetzt bin ich pleite. Und wenn ihr mir kein Geld gebt, verlier ich die Wohnung in München. Ich hab nicht mal mehr Geld für Zigaretten. Der Vorschuß für mein neues Buch kommt erst im nächsten Frühjahr. Dann kann ich euch einen Teil zurückzahlen.

Die Mutter starrt sie fassungslos an.

MUTTER *aufgebracht*: Was wolltest du? Nach Berlin ziehen? Warum?
HANNA: Das ist wirklich sekundär.
MUTTER: Du entscheidest das nicht, wenn ich dich etwas frage.
HANNA: Es war was Privates. Ein Mann, okay? Es hat nicht geklappt. Und es verändert auch nichts an meiner Situation.
VATER: Wieviel brauchst du?
HANNA: 10.000 Mark.
MUTTER: Kommt überhaupt nicht in Frage.

Hanna steht auf.

HANNA: Ich bring besser erst mal mein Zeug hoch. Oder vielleicht sollt ich gleich wieder gehen.

Der Vater steht ebenfalls auf.

VATER: Hannale, komm. Mama meint es nicht so. Die ärgert sich bloß, daß du immer nur kommst, wenn du was willst.

HANNA: Mein Gott. Ich bin in Not. Ich kann auch nichts dran ändern.
MUTTER: Laß sie doch gehn.
VATER: Aber das kannst du doch nicht machen. Das ist unsere Tochter.

Hanna verläßt den Raum.

MUTTER: Du bist und bleibst eine Memme.

Der Vater kommt Hanna hinterher in den Flur.

54 EINFAMILIENHAUS/FLUR INNEN/TAG

Sie will gerade ihre Reisetasche wieder nehmen, da hält er sie fest.

VATER: Geh jetzt nicht. Tu das deinem alten Papa nicht an. Geh erst mal nach oben. Und warte, bis sich alles beruhigt hat. Ich red mit deiner Mutter. Die meint das nicht so.
HANNA: Okay, Papa. Ich geh rauf ins Zimmer. Ich bin müde. Ich kann im Moment kein Theater vertragen. Das kannst du ihr sagen.
VATER: Geh nach oben, Kindchen. Wir werden schon eine Lösung finden.
HANNA: Okay, Papa.

Sie geht langsam die Treppe hinauf.

55 EINFAMILIENHAUS/KINDERZIMMER INNEN/TAG

Sie stellt den Koffer ab und schleppt sich rüber zum Bett und nimmt im Sitzen ihre letzte Tablette und verharrt regungslos.

Von unten dringen gedämpft die Stimmen ihres Vaters und ihrer Mutter zu ihr hoch, wie sie diskutieren. Hanna macht eine Stehlampe an. Sie läßt ihren Blick durch das Zimmerchen schweifen und bleibt schließlich an dem einen kleinen, gerahmten Bild haften: Es ist eine Kopie von den »Betenden Händen« von Albrecht Dürer. Langsam tritt sie näher und bleibt vor der Zeichnung stehen. Zart und vorsichtig streift sie mit ihrer Hand die betenden Hände entlang. Auf einmal eine scharfe Stimme:

> MUTTER off: Hanna! Was machst du da?!

Hanna fährt herum. Die Gestalt von Hannas Mutter steht im Gegenlicht im Türrahmen.

> MUTTER: Wir haben dir einen Vorschlag zu machen. Hörst du mir zu?

Hanna nickt.

> MUTTER: Wir haben beschlossen, daß du hier wohnst, bis du wieder eigenes Geld verdienst. Du hast hier alles, was du brauchst. Du hast dein Zimmer und brauchst dir um nichts Sorgen zu machen. Du kannst hier in Ruhe und ungestört arbeiten.

Hanna starrt ihre Mutter fassungslos an.

> MUTTER: Das ist mein Vorschlag – und das kannst du dir jetzt überlegen. Aber überleg es dir gut.

Mit diesen Worten macht die Mutter kehrt und ist verschwunden. Hanna tritt zu der gerahmten Kopie der »Betenden Hände«, nimmt sie ab und legt sie in ihre Tasche. Dann zündet sie sich eine Zigarette an, nimmt ihre Tasche und verläßt den Raum.

56 EINFAMILIENHAUS/TREPPENHAUS/ WOHNZIMMER INNEN/TAG

Hanna kommt die letzten Stufen der Treppe hinunter und bleibt an der Zimmertür zum Wohnzimmer stehen. Auf dem Sofa sitzt ihr Vater vor seiner aufgeschlagenen Zeitung.

HANNA: Wo ist Mutter?

Der Vater taucht hinter seiner Zeitung auf.

VATER: Sie ist im Waschhaus. Ich glaube, sie bügelt.
HANNA: Papa. Ich muß dich einen Moment sprechen. Hast du einen Moment für mich Zeit?

Sie geht auf ihn zu, setzt sich neben ihn auf die Couch.

HANNA: Ich halt das auf keinen Fall aus, hier zu wohnen. Ich muß sofort nach München. Ich halt das keine Minute länger hier aus. Du mußt mir Geld geben.

Der Vater blickt sie besorgt an.

VATER: Kind, jetzt beruhig dich.
HANNA: Nein, Papa. Es geht auf gar keinen Fall. Ich muß weg hier. Und zwar sofort. Ich krieg hier Anfälle. Ich muß nach München zurück. Sonst weiß ich nicht, was passiert. Also, gibst du mir Geld?
VATER: Wieviel brauchst du denn?
HANNA: Alles, was du im Moment da hast.

Der Vater holt seine Brieftasche heraus und zählt die Scheine und gibt sie ihr.

VATER: Da sind 500 Mark. Reicht dir das erst mal?
HANNA: Das reicht für die ersten Tage in München. Ich muß die Wohnung wieder zurückkriegen. Aber vielleicht ist die noch gar nicht weg.

Sie steht auf. Der Vater steht auch auf.

HANNA: Vielen Dank, Papa. Das werd ich dir nicht vergessen.
VATER: Na, irgendwer muß es doch tun.

Die beiden umarmen sich.

VATER: Du weißt ja, was auf mich zukommt, wenn ich dich einfach so gehen lasse.
HANNA: Du brauchst nur zu sagen, ich wär weg gewesen. Ich sei heimlich abgehauen. Das glaubt die dir schon. Also tschau.

Sie verläßt das Zimmer.
Sie durchquert das Treppenhaus, an der offenen Kellertür vorbei, und verläßt das Haus.

57 BAHNHOF N (Starnberger Bahnhof) AUSSEN/NACHT

Hanna geht in den Bahnhof hinein.

58 BAHNHOF N/WARTEHALLE INNEN/NACHT

Sie durchquert die Bahnhofshalle, HK (Handkamera). Vor ihr her. Sie nimmt im Gehen Tabletten, spült sie mit einer kleinen Flasche Mineralwasser nach, aus dem Bild.
Sie durchquert die Wartehalle und setzt sich auf eine der Holzbänke. Sie zündet sich eine Zigarette an und blickt sich um.

Hanna zieht an ihrer Zigarette.
Im selben Moment kommt ein Mann in die Wartehalle: Er ist Anfang Sechzig, groß, kräftig, hat kurzgeschorenes Haar und ein eindrucksvolles Gesicht mit einer großen Nase, einem weichen Mund und magischen, traurigen Augen, Bruno. Auf halbem Weg erkennen sie sich. Beide erschrecken, und Bruno bleibt wie angewurzelt stehen.

BRUNO: Hanna! Hanna!
HANNA: Bruno!

Sie steht auf.

BRUNO: Was machst du denn hier? Warst du bei deinen Eltern?

Sie nickt.

HANNA: Und du? Was machst du hier?
BRUNO: Mein kleiner Bruder hatte Geburtstag.
HANNA: Peter?

Bruno nickt. Beide blicken sich an.
Bruno schüttelt den Kopf.

BRUNO: ... Aberwitzig. Daß ich dich hier ausgerechnet treffe. Ich habe in den letzten Tagen sehr viel an dich gedacht.
HANNA: Wirklich?
BRUNO: Ja. Ganz komisch. Ich hab mich erinnert, wie wir in Iffeldorf waren. Wie du den Jungen das erste Mal gebadet hast. Und an lauter solche Sachen. Ganz komisch war das.

Bruno betrachtet sie prüfend.

BRUNO: Geht es dir gut?

Hanna senkt den Blick und schüttelt den Kopf.

HANNA: Mich hat die Maueröffnung und der ganze Scheiß ziemlich durcheinandergebracht.

Bruno nimmt sie in den Arm.

BRUNO: Komm. Laß uns was trinken gehen. Wann fährt dein Zug?
HANNA: Ich hab Zeit.

Sie nimmt ihre Tasche. Die beiden gehen in Richtung Trinkhalle. Die Kamera folgt ihnen.

HANNA: Wir haben lang nichts mehr voneinander gehört.
BRUNO: Ich hatte keine Lust mehr, nachts betrunken bei dir anzurufen und dir auf die Nerven zu gehen.

Hanna lächelt knapp.

BRUNO: Aber es ist schon merkwürdig, daß wir uns ausgerechnet hier treffen, oder?

Hanna zuckt leicht mit den Achseln.

HANNA: Ach, ich weiß nicht. Ich denk mir, wenn es jemanden gäbe, in so einer Lage, nach dem mir zumute wär, daß er plötzlich auftaucht, dann wärst das schon du.

Sie blickt ihn traurig lächelnd an.

BRUNO: Wirklich? Das freut mich.

Beide betrachten sich intensiv.
Hanna blickt ihn unsicher an.

BRUNO: Du siehst sehr schön aus. Ich will dich gerne auf einen Wodka einladen.
HANNA: Klar. Warum nicht.

59 BAHNHOF N/TRINKHALLE INNEN/NACHT

Die beiden treten an den Tresen. Bruno gibt dem Barmann ein Zeichen.

BRUNO: Zwei doppelte Wodka. (Zu Hanna) Außer, daß du ein bißchen älter geworden ist, hast du dich überhaupt nicht verändert.
HANNA: Das liegt an der Schminke. Weil ich mich immer noch genauso schminke wie vor dreißig Jahren. Du verwechselst wahrscheinlich meine schwarzen Augenringe mit mir.
BRUNO: Die Perücke hattest du damals noch nicht.
HANNA: Du hattest auch mehr Haare.
BRUNO lacht: Ich hab doch noch ein kleines Wäldchen da oben. Reicht dir das nicht?
HANNA lacht: Doch.

Der Barmann stellt die beiden Wodkas auf die Theke. Beide nehmen die Gläser.

BRUNO: Auf diese blöde Stadt hier.
HANNA: Auf diese blöde Stadt ...

Sie stoßen an, kippen und blicken sich dabei an.

BRUNO zum Barkeeper: Noch zwei! (Zu Hanna) Oder?

HANNA: Mhm.
BRUNO: Du hättest auch mal von dir hören lassen können ... Themen gibt es genug. Unser gemeinsamer Sohn ...
HANNA: Das stimmt schon.

Der Wodka wird hingestellt. Beide nehmen die Gläser. Beide kippen und gucken sich dabei an.
Bruno stellt das Glas ab und wirft einen Blick auf die große Bahnhofsuhr an der hohen Wand hinter dem Tresen.

BRUNO: Es wird für mich langsam Zeit.

Die beiden blicken sich an.

BRUNO: Was hast du jetzt vor?
HANNA: Ich weiß es wirklich nicht. Ich werd wohl auch den nächsten Zug nehmen, nach München zurück ...
BRUNO: Weißt du was? Komm mit zu mir. Fahr einfach mit mir nach Darmstadt.

Der Vorschlag sitzt. Für einen Moment herrscht ein gespanntes, prickelndes Schweigen. Hanna blickt ihn an.

HANNA: Okay. Ich komm mit.
BRUNO: Okay. Dann laß uns jetzt gehen.

Die beiden setzen sich in Bewegung und verlassen nebeneinander die Wartehalle.

60 WOHNUNG BRUNO/FLUR/WOHNZIMMER INNEN/NACHT

Die Kamera steht in einem großen Zimmer am Ende der Wohnung und blickt auf einen langen kahlen Flur. Die Haustür

öffnet sich. Bruno und Hanna betreten die Wohnung und schließen die Tür. Beide sind bereits ziemlich beschwipst. Bruno geht mit leicht wankenden Schritten auf die Kamera zu und biegt dann nach links ab.
Hanna kommt ebenfalls auf die Kamera zu und blickt sich um: Die Wände des Zimmers sind voll mit Bücherregalen. Das gesamte Mobiliar, Stühle, Schreibtisch, Couch, ist aus den 60er Jahren.

HANNA lacht: Das sieht ja alles noch exakt genauso aus wie damals.

Sie tritt ein.
Bruno kniet neben einem alten Braun-Plattenspieler und sucht seine schmale Schallplattensammlung durch.
Hanna steht vor der Flügeltür in dem kahlen Raum mit dem Kronleuchter, dem groben, roten Perserteppich und der langen, kahlen Tafel mit alten Stühlen. Sie holt den Wodka aus der Plastiktüte und stellt ihn auf den Tisch.

HANNA: Hast du Eis da?
BRUNO: Im Kühlschrank.

Er kommt hoch und legt eine Platte auf.
Hanna durchquert den Rest der großen, spartanisch eingerichteten Wohnung.

60A WOHNUNG BRUNO/KÜCHE INNEN/NACHT

Sie betritt die Küche und geht an den Kühlschrank.
Beim Anblick des Kühlschrankinnern muß sie lachen.
Bruno taucht im Hintergrund mit den Gläsern auf.

BRUNO: Was gibt's da zu lachen?

Jetzt sind wir wieder . . .
Hannelore Elsner (Hanna Flanders), Vadim Glowna (Bruno)

Hanna weist ins Kühlschrankinnere …

Hanna: Pflaumenmus, Margarine, diese komische, thüringische Rotwurst, dein Graubrot. Du hast immer noch exakt das gleiche im Kühlschrank.

Er tritt mit den Gläsern heran. Sie bricht Eis rein.

Bruno: Ich hasse eben Veränderungen. Und wenn sich etwas verändert, dann versuche ich, wie du siehst, alles, damit es wieder so wird, wie es mal war.

Er stößt mit ihr an, trinkt sein Glas leer und verläßt die Küche. Sie geht an ihre Tasche, nimmt schnell ein paar Tabletten und schluckt sie mit Leitungswasser. Plötzlich laute Musik von Louis Armstrong im Off. Hanna verläßt die Küche.

60B WOHNUNG BRUNO/FLUR/WOHNZIMMER INNEN/NACHT

Sie geht den Gang runter und bleibt an der Wohnzimmertür stehen. Bruno läuft mit der Flasche in der Hand rum.
Hanna betritt den Raum, geht rüber zu einem Stuhl, setzt sich und zündet sich eine Zigarette an. Er kommt rüber zu ihr, packt sie mit sicherer Hand und zieht sie hoch. Erst wehrt sie sich, dann tanzt sie mit.
Sie tanzen immer wilder und heftiger, was bei Hanna einen total emotionalen Effekt hat: Sie lacht und freut sich wie ein kleines Kind.
Bruno nimmt einen tiefen Schluck aus der Flasche und reicht sie Hanna.

Bruno: Es war schlimm um uns bestellt. Aber jetzt geht es uns besser. Jetzt sind wir wieder …

HANNA: Ja, jetzt sind wir wieder. Darauf, daß wir wieder sind!

Sie nimmt ebenfalls einen tiefen Zug.

BRUNO: Und was ist mit deiner Perücke? Wann nimmst du die endlich ab?
HANNA: Überhaupt nicht. Ohne Perücke, das wäre der äußerste Grad der Nacktheit.
BRUNO: Läßt du die etwa auch auf, wenn du mit jemandem schläfst?
HANNA: Die laß ich sogar im Grab auf. Wenn ich vor dem Jüngsten Gericht stehe. Wenn ich in die Hölle fahre. Meinen schlimmsten Feinden mute ich diese Nacktheit nicht zu. Selbst Gott nicht.
BRUNO: Und wenn Lenin dich bitten würde, sie auszuziehen?

Hanna überlegt einen Moment und lacht.

HANNA: Dann würd ich sie ausziehen.
BRUNO: Ich bin Lenin. Siehst du nicht, daß ich er bin?

Er geht auf sie zu und macht Lenin nach. Sie lacht.

BRUNO: Also zieh jetzt das dämliche Ding aus.

Hanna weicht zurück.

HANNA: Das kann ich doch nicht machen. Ich seh häßlich aus ohne das Ding. Ich seh aus wie die Frau in »Naked Kiss«.
BRUNO: Du siehst überhaupt nicht häßlich aus. Du hast nie häßlich ausgesehen. Auch wenn du nur noch ein Bein hättest, wärst du für mich noch schön.
HANNA: Das glaub ich dir nicht.

BRUNO: Ich weiß, daß du mir das nicht glaubst. Du hast mir nie geglaubt.
HANNA: Du hast immer den einsamen Helden gemimt. Wie sollte ich dir als junges Mädchen da glauben?
BRUNO: Aber du bist jetzt kein junges Mädchen mehr. Du bist alles andere als ein junges Mädchen.

Bei dem Versuch, ihrer habhaft zu werden und ihr die Perücke vom Kopf zu ziehen, fallen beide auf die antike Couch, deren angebrochenes Bein plötzlich abbricht. Die Couch bricht nach unten. Bruno nutzt die Gelegenheit und zieht Hanna die Perücke herunter. In dem Moment entsteht tatsächlich ein Ausdruck von Nacktheit auf ihrem Gesicht. Sie schämt sich und wird rot und bedeckt ihr schütteres Haar mit den Händen.

HANNA: Warum machst du so was?

Ihr Anblick und ihre Beschämung rühren Bruno total.

BRUNO: Ich liebe dich.

Er beginnt sie zu küssen. Vorsichtig erwidert sie seinen Kuß. Bruno schiebt sie runter von der Couch und legt sich vorsichtig auf sie drauf. Sie versuchen, weiter zu küssen, aber es geht nicht. Bruno greift hoch nach der Flasche auf dem Tisch und nimmt einen tiefen Zug. Er setzt ab und hockt sich neben sie. Sie kommt ebenfalls wieder hoch und trinkt auch.

BRUNO: Ich habe im Gegensatz zu dir nie Angst vor dem Älterwerden gehabt.
HANNA: Und woher weißt du so genau, daß ich Angst habe?
BRUNO: Ich kenn dich viel zu genau. Ich seh doch deine Angst vor jeder Art von Körperkontakt.

HANNA: Ja, ich habe Angst. Ich habe Angst, daß es »Pau!« macht, wenn du dich auf mich drauflegst. Daß ich aufplatze wie ein Kartoffelbovist. Und der ganze Staub in einer Wolke herausquillt. (Lacht)
BRUNO: Ich find das nicht lustig. Das ist ganz schön kaputt. Das kannst du in einem deiner Romane schreiben.
HANNA: Du hast damit angefangen.

Bruno nimmt die Flasche und steht auf. Er geht zum Plattenspieler und legt eine neue Platte auf. Er kann die Nadel in seinem betrunkenen Zustand nicht mehr richtig behandeln und reißt einen riesigen, lauten Kratzer.
Hanna setzt sich auf einen Sessel, setzt sich demonstrativ die Perücke wieder auf, zündet sich eine Zigarette an und blickt ihn an.

HANNA: So kannst du mich, von mir aus, haben.
BRUNO: Also gut. Dann komm. Dann gehen wir hinter.
HANNA: Bringen wir's hinter uns. (Steht auf)

Er starrt sie an. Sie macht Zeichen, daß er vorgehen soll.

HANNA: Geh du vor.
BRUNO: Wieso?
HANNA: Einfach so. Außerdem weiß ich nicht, wo dein Schlafzimmer ist.

Bruno zuckt mit den Achseln und geht mit der Flasche in der Hand vor. Sie folgt ihm.

60C WOHNUNG BRUNO/SCHLAFZIMMER INNEN/NACHT

Die Kamera steht am Kopfende des geräumigen, dunklen Raums mit einem Kleiderschrank und einem großen Bett und sieht die beiden hineinkommen.

In einigem Abstand voneinander bleiben sie stehen und beginnen, sich langsam auszuziehen. Stumme, eigenartige Stimmung.
Ab und zu fällt ein Blick auf den gealterten Körper und das Gesicht des anderen. Zum Schluß ist sie nackt bis auf ihre Perücke und wartet auf die Annäherung. Bruno nimmt ihre Schultern, schiebt sie sanft rüber und begräbt sie unter sich auf dem Bett. Immer noch stumm beginnen sie, miteinander zu schlafen. Etwas Knisternd-Trockenes liegt dabei in der Luft.
Sie blicken sich ab und zu an, aber der andere meidet den Blick.
Die Kamera versucht, diese Fremdheit einzufangen.
Mittendrin hört Bruno auf, sich zu bewegen, geht von ihr runter, steht auf, nimmt die Wodkaflasche und verläßt das Zimmer. Sie stützt sich auf den Ellenbogen und blickt ihm nach. Reglos, in der Dunkelheit, raucht sie und betrachtet ihn, wie er, weit weg, am Ende des zweiten Zimmers, mit dem Rücken zu ihr am Fenster neben dem Plattenspieler steht und die Wodkaflasche leer trinkt.

Abblende.

Aufblende.

60D WOHNUNG BRUNO/SCHLAFZIMMER
INNEN/TAG

Hanna wacht auf. Das Bett neben ihr ist leer. Sie erhebt sich und versucht, auf dem langen Weg durch die Wohnung ihr Gleichgewicht zurückzugewinnen. Auf ihrem Weg sehen wir brennende Lampen, umgekippte Stühle, das kaputte Sofa und den Plattenspieler, dessen Nadel immer noch am Ende der Platte läuft. Hanna geht an der Küche vorbei. Dort bewegt sich Bruno, völlig betrunken, um den runden Küchentisch kreisend, und starrt sie an.

Der äußerste Grad der Nacktheit
Hannelore Elsner (Hanna Flanders), Vadim Glowna (Bruno)

BRUNO laut: Hanna!! Was machst du denn hier?! Ich dachte, du schläfst lange!! Ich bin so wütend!!

Er krallt sich an dem Tisch fest und fällt fast mit ihm um. Hanna geht weiter ins Bad.

60E WOHNUNG BRUNO/BAD INNEN/TAG

Sie schließt die Tür hinter sich und setzt sich aufs Klo. Aus dem Off dringt der laute Monolog von Bruno.

BRUNO off: Es ist so beschissen!! Es ist so beschissen, daß ich mir vor Wut die Hand abhacken könnte!! Die Gudrun! Die Ingeborg! Die Rita! Die Ulrike! Ich kann sie so gut verstehen, diese Mädchen! Sie wußten einfach Bescheid. Du hast ja keine Ahnung, wie ich die Gudrun geliebt habe!! Ich hab sie so geliebt, dieses Mädchen!! ...

Noch während sie sitzt, bricht sie die Tabletten aus der Packung in ihrer Hand und steckt sie sich in den Mund.
Sie betätigt die Klospülung, steht auf, spült die Tabletten mit Wasser hinunter und verläßt das Bad.

60F WOHNUNG BRUNO/FLUR/WOHNZIMMER INNEN/TAG

Bruno kommt ihr völlig betrunken entgegengetorkelt.

BRUNO: Hast du ein Rezept für den Tod?! Dreißig Jahre kenne ich dich doch nun schon! Und du bist immer noch so blöd!

Hanna versucht ihn sanft abzuwehren, da sich seine Aggressionen nicht gegen sie, sondern ausschließlich gegen ihn selbst richten.

BRUNO: Die andern sind alle so beschissen blöd. Der Grass. Der hat nie kapiert, worum es ging. Das waren nur diese Mädchen. Die haben immer kapiert, worum es ging. Du hast es auch nie kapiert. Wieso nicht? Wieso hast du nie kapiert? Alle haben's überlebt, daß die Gudrun verbrannt ist. Ich nicht! Ich bin hier ganz tot! Schrecklich! Du weißt nicht, was das bedeutet.

HANNA: Bruno. Leg dich hin. Leg dich ins Bett. Das hat doch keinen Sinn.

Bruno ringt die Hände, ballt die Fäuste und schlägt gegen seinen Kopf.

BRUNO: Nein. Du mußt endlich mal kapieren, Mädchen. Ich bin nicht dein Held. Ich bin nicht dein toller Typ. Ich bin dein erster und wichtigster Mann! Mehr nicht! Versteht du das?!

HANNA: Ja, ich versteh das. Du mußt aber trotzdem ins Bett.

Bruno fängt auf eine verkrampfte Art an zu schluchzen. Es ist kein richtiges Schluchzen. Hanna faßt ihn an, versucht, ihn ein bißchen zu trösten, aber er achtet nicht darauf. Schließlich löst er sich mit einer vehementen Bewegung.

BRUNO: Der Schmerz ist so tief eingefangen. Er kommt niemals mehr raus. Wann kapierst du das endlich!?

60G WOHNUNG BRUNO/KÜCHE INNEN/TAG

Er torkelt zum Kühlschrank und reißt ihn auf. Diverse Sachen fallen heraus, unter anderem eine große Flasche Retsina, dessen Verschlußkappe ihm zu schaffen macht, so daß ihm schließlich die Flasche aus der Hand fällt und auf den Boden rollt. Während der Wein sich verteilt, versucht Bruno, die Flasche wieder in den Griff zu bekommen, nimmt sie, trinkt daraus einen tiefen Schluck und durchquert die Wohnung.

60H WOHNUNG BRUNO/FLUR/WOHNZIMMER INNEN/TAG

Die Kamera steht am Ende des Wohnzimmers mit Blickrichtung Schlafzimmer, aus dem Hanna jetzt fertig angezogen kommt. Im Bildvordergrund taucht ab und zu Bruno auf. Hanna geht an den Tisch und packt ihre Stange Zigaretten ein. Bruno kommt auf sie zu.

BRUNO: Was machst du?
HANNA: Ich werde jetzt gleich gehen. Ich würde dich gerne noch ins Bett bringen, wenn du willst.

Bruno blickt sie einen Moment beschwörend an, dann, ganz nüchtern ...

BRUNO: Na dann geh, Mädchen. Wenn du gehen mußt, geh. Aber merk dir: Noch mal nehm ich dich nicht auf.

Hanna reagiert plötzlich emotional total erregt ...

HANNA: Du Arschloch! Du bist so verdammt ungerecht. Ich hätte wissen müssen, daß das mit dir schiefgeht. Du hast überhaupt keinen Respekt. Ich bin gezwungen zu gehen, weil du so betrunken bist, daß man mit dir nichts mehr anfangen kann – und weil ich merke, wie sehr erschöpft ich bin. Ich muß gehen, obwohl ich nicht weiß, wohin. Du zwingst mich dazu. Auf Wiedersehen, Bruno! Es war wieder mal ...

Es war wieder mal ...
Hannelore Elsner (Hanna Flanders), Vadim Glowna (Bruno)

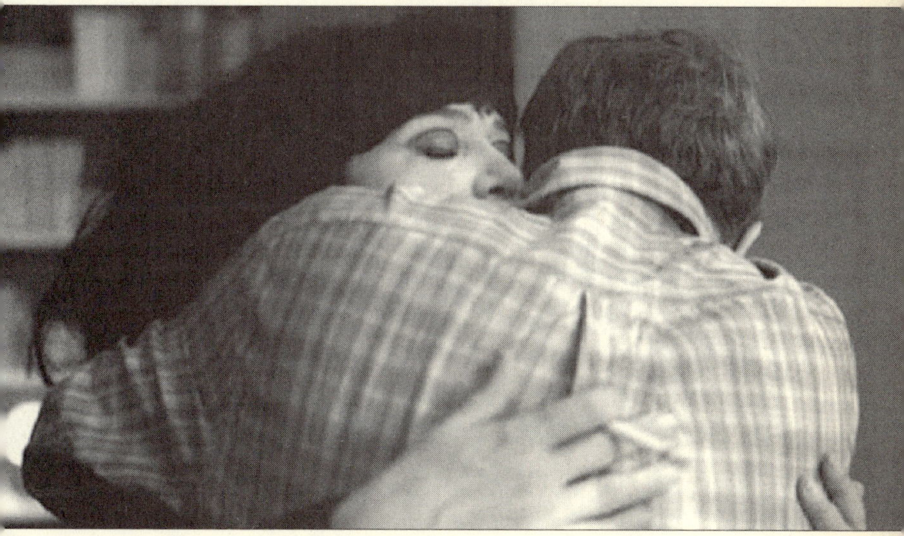

Bruno lächelt sie auf einmal an, und sie bemerkt es und hält in ihrem Redefluß inne. Beide umarmen sich impulsiv. Er drückt sie noch fester an sich. Für einen langen Moment bleiben die beiden so stehen. Dann lösen sie sich, Hanna greift ihre Tasche und verläßt zügig die Wohnung.

61 INTERCITY/SPEISEWAGEN INNEN/TAG

Hanna total, zurechtgemacht, hinter ihrer Brille versteckt, vor einem Glas Weißwein am hintersten Tisch des Speisewagens, blickt zum Fenster hinaus.
Desgleichen groß.
Ein paar Leute an gegenüberliegenden Tischen beobachten sie heimlich.
Zurück zu Hanna, die einen Schluck trinkt.
Durch die Scheiben sehen wir den Zug in den Bahnhof einfahren. Das Schild des Münchner Hauptbahnhofs taucht auf.

62 BAHNHOF MÜNCHEN AUSSEN/TAG

Hanna steigt aus dem Zug aus.

63 STRASSE VOR BUNGALOW HANNA AUSSEN/DÄMMERUNG

Kranfahrt, aus seitlicher, aufsichtiger Totaler in Zweier: Hanna geht die Straße zwischen den beiden Bungalows mit zwei schweren Taschen hinunter, steuert dann den Bungalow von Niels an, dessen Fenster erleuchtet sind, wir hören das heftige Tippen der Schreibmaschine. Sie klingelt, Niels erscheint in zerwühlten Hausklamotten, zerwühltem Haar, erregt.

> NIELS: Ich bin mittendrin. Was machst du? Wieso bist du hier?

Er starrt Hanna an.

HANNA: Arbeite nur weiter. Ich wollte nicht stören. Ich will nur den Schlüssel.
NIELS: Warte.

Er eilt ins Haus und kommt mit dem Schlüssel zurück und hält ihn ihr hin.

NIELS: Hier. Brauchst du eine Decke oder so was?

Hanna schüttelt den Kopf.

NIELS: Ich mach weiter. Laß uns morgen reden, okay?
HANNA: Okay.

Niels schließt eilig die Tür. Wir hören ihn, wie er zum Tisch rennt. Im selben Moment geht das heftige Getippe auf der Schreibmaschine wieder los.
Hanna wendet sich ab und geht auf ihren verwaisten Bungalow zu und geht hinein.

64 BUNGALOW HANNA INNEN/AUSSEN/NACHT

Totale/das kalte Deckenlicht im Bungalow geht an. Hanna tritt in den leeren Raum, blickt sich um.
Ransprung an Hanna und in ihre Subjektive von dem leeren Bungalow in Handkamera, 16 mm Material. In ihrer Subjektiven/Gang wird es dunkler, geht in Unschärfe.
Seitliche Fahrt von außen vom Wohnzimmer über Hannas am Boden zusammengekrümmt liegende Gestalt auf einem Haufen Klamotten, den Kopf auf eine der Taschen gebettet, eine abgebrannte Zigarette in ihrer Hand, und weiter in die dunkle Wand …

65 STRASSE VOR BOUTIQUE **AUSSEN/TAG**
65A STRASSE VOR BOUTIQUE **AUSSEN/TAG**

Kamera fährt weiter, in einer langen Parallelfahrt folgt sie Hanna. Sie ist stark geschminkt und wirkt manisch. Zielstrebig und ohne sich umzusehen, geht sie, mit einer großen Tasche um die Schulter, an den Schaufenstern entlang und betritt schließlich die Boutique, wir bleiben einen Moment von außen auf dem Geschehen, wir lassen sie wieder rauskommen, die Fahrt wird fortgesetzt, wir fahren Säule ins Bild.

66 BOUTIQUE **INNEN/TAG**

Die Tür fällt hinter ihr zu, und sie bleibt einen Moment in der leeren Boutique stehen und wartet. Im Hintergrund taucht jetzt die Inhaberin auf und kommt näher und begrüßt sie.

INHABERIN: Ja Frau Flanders. So eine Überraschung. Was machen Sie denn hier? Sind Sie denn nicht in Berlin?

Hanna erwidert die Frage mit einem schwachen Lächeln.

HANNA: Ich bin nur vorübergehend hier.
INHABERIN: Was ist denn passiert?
HANNA: Der Umzug hat sich nur ein bißchen verzögert.
INHABERIN: Na, dann haben wir Sie wenigstens noch ein Weilchen in München.

Der Inhaber kommt strahlend aus dem Hintergrund näher.

INHABER: Sie haben ja das Plaid gar nicht an.

Hanna stellt ihre Tasche am Boden ab.

HANNA: Das ist es, worüber ich mit Ihnen reden wollte.

Die beiden blicken sie fragend an.

HANNA: Ich wollte fragen, ob Sie vielleicht das Plaid wieder zurücknehmen können? Ich meine, natürlich zum halben Preis.

Die beiden Inhaber blicken sich an.

INHABERIN: Tut mir leid, Frau Flanders. Aber so etwas machen wir prinzipiell nicht.

Hanna bleibt einen Moment mit auf den Boden geheftetem Blick stehen.

HANNA: Ich hätte Sie nie um so etwas gebeten, wenn ich nicht wirklich in Schwierigkeiten wäre. Ich dachte: In Anbetracht dessen, daß ich schon so viel bei Ihnen gekauft habe ...
INHABER: Tut uns leid, Frau Flanders. Aber da können wir wirklich nichts machen.

Hanna nimmt ihre Tasche, hängt sie sich über die Schulter, blickt die beiden voller Verachtung an und verläßt kommentarlos den Laden.

67 STRASSE VOR CAFÉ AUSSEN/TAG

Die Kamera fährt mit Hanna die Schaufensterscheibe entlang. Sie kommt an einen Tisch mit einer Japanerin und ihrem Mann. Hanna kommt mit ihren Klamotten an den Tisch.
Folgender Dialog spielt sich ab:

HANNA: Sprechen Sie Deutsch?

Die Japaner schütteln freundlich den Kopf.

HANNA: Hello, I'm from Munich and I sell traditional bavarian costumes to tourists. May I show you some typical folkloristic stuff?

Die Japaner nicken und lachen.

HANNA: This is for women. But maybe, men can wear it in Japan, too.

Die Japaner geben in Landessprache Kommentare dazu ab.

HANNA: This is fourthousand dollars. Feel the material. It is *very fine* clothing from bavaria.

Die Frau schaut ihn sich genau an.

HANNA: Do you want to buy this?

Die Frau schüttelt schließlich kichernd den Kopf. Sie reicht Hanna den Pullover zurück.

HANNA: Maybe something else? I have a plaid from Dior with pieces of chinchilla and leather? Do you know chinchilla? It is a very very endangered animal.

Sie zeigt den Japanern das Plaid, hält es sich vor. Die Japaner lachen. Der Mann steht auf und zückt den Photoapparat.

JAPANER: Make photo from you. Take picture.

Hanna schüttelt den Kopf, packt ihre Sachen, geht weiter. Die Kamera fährt eine Säule ins Bild.

68 MÜNCHNER BIERLOKAL INNEN/NACHT

Totale Fahrt inklusive Schwenks:
In der Totalen wird der gesamte Vorgang wie folgt erzählt: Hanna visiert einen Tisch an, packt die Klamotten aus, die Familie fühlt sich belästigt, der Geschäftsführer kommt, es kommt zu einer handgreiflichen Auseinandersetzung, der Geschäftsführer befördert sie hinaus.

69 STRASSE VOR MÜNCHENER BIERLOKAL AUSSEN/NACHT

Sie verläßt das Lokal und blickt sich um. Sie geht erst ein paar Schritte in die eine Richtung, macht dann abrupt kehrt und geht in die andere Richtung aus dem Bild.

70 CAFÉ AM ODEONSPLATZ INNEN/AUSSEN/NACHT

Die Kamera fährt aus dem Schwarz bzw. aus der Wand die Scheiben des Lokals ins Bild.
Hanna sitzt allein an einem Tisch am Fenster und blickt hinaus. Draußen hinter den Scheiben gehen diverse Leute mit Einkaufstaschen vorbei. Es muß kurz vor Ladenschluß sein. Sie raucht. Vor ihr steht ein Glas Weißwein, von dem sie ab und zu trinkt. Die große Tasche steht am Stuhl neben ihr.
Schließlich holt sie ihre Prohypnon-Schlaftabletten heraus und nimmt etwa 10 davon. Sie trinkt aus ihrem Glas und blickt wieder hinaus.
Durch die Scheibe sehen wir jetzt, wie die Bewegungen der Leute langsam in Slow-motion übergehen. Zur gleichen Zeit

setzt deutlich der »fröhliche« Song von Ella Fitzgerald ein, den wir aus der Szene in Berlin am Imbiß kennen.
Hanna schreckt leicht aus ihrer zusammengesackten Haltung hoch. Die junge, weibliche Bedienung legt ihr die Rechnung hin.

BEDIENUNG: Alles in Ordnung mit Ihnen?
HANNA: Ja, ja ... aber sagen Sie. Wo kommt dieses Lied her?
BEDIENUNG: Welches Lied. Ah, der alte Schlager da hinten. Des is vom Radio.

Hanna kann ihre Augen kaum offenhalten.

HANNA: Ah. Danke. Taxs' sind doch gleich da vorn, oder?
BEDIENUNG: Ja. Da vorn gleich.

Hanna erhebt sich, legt 10 Mark hin, greift ihre Tasche und strebt langsam und konzentriert dem Ausgang zu, so, als könne sie jeden Moment umfallen. Die Bedienung blickt ihr nach.

71 STRASSE VOR CAFÉ AM ODEONSPLATZ INNEN/AUSSEN/NACHT

Subjektive Fahrt mit Hanna, 16 mm/35 mm Handkamera hinaus aus dem Lokal in Überstrahlen, Leute draußen in Slowmotion. Slow-motion Ende.
Hanna geht weiter in Totale und bricht direkt auf die Knie und schlägt dann mit dem Rest des Körpers auf dem Boden auf. Ein paar Leute laufen ratlos zusammen und bleiben im Halbkreis um sie herum kurz stehen, dann verlassen sie das Bild. Hanna stöhnt leise. Weiterhin in der Totalen sehen wir Hanna am Boden liegen, während die Leute einfach weitergehen. Aus einer U-Bahn tauchen jetzt drei schwarze Sheriffs auf. Sie sind

in schwarze, militärische Anzüge gekleidet und kommen auf Hanna zu. Von weitem hören wir ihre Stimmen.

SHERIFFS: Hallo! Hallo! Aufstehen! Hören Sie! Hier können Sie nicht liegenbleiben!

Da Hanna nach mehrmaliger Aufforderung nicht reagiert, hieven sie sie hoch und traktieren sie mit leichten Schlägen ins Gesicht.

SHERIFFS: Hallo! Aufwachen! Aufwachen!

Da Hanna immer noch nicht reagiert, schleifen sie sie auf eine unwürdige Weise weg. Kamera schwenkt weg.

Abblende.

Aufblende.

72 KRANKENHAUS/NOTAUFNAHME INNEN/NACHT

Das unwirkliche, grüne Licht der Deckenlampen der ambulanten Notaufnahme.
Der Kopf eines jungen Arztes und einer Krankenschwester schieben sich mit leichter Verzerrung ins Bild.

ARZT: Sie wacht auf.

Aufsicht auf Hanna, die mit einer weißen Decke zugedeckt ist, ohne Perücke. Sie blinzelt mit den Augen.

HANNA: Wo bin ich?
ARZT: Im Krankenhaus. Sie sind hier bei uns im Josephinen-Krankenhaus, Frau Flanders.

HANNA: Wie lange bin ich schon hier?
ARZT: Seit mehreren Stunden ...
HANNA: Wie bin ich? ... wie bin ich? ... wieso? Habe ich einen Unfall gehabt?
ARZT: Sie sind vor einem Restaurant in der Nähe vom Viktualienmarkt zusammengebrochen. Man hat Sie hierhergebracht.
HANNA: Wie ist das denn passiert?
ARZT: Wir haben eine starke Dosis Barbiturate in Ihrem Blut festgestellt.
HANNA: Ich habe die Tabletten ... zu früh genommen ... ich wollte ein Taxi nehmen ... ich muß auf dem Weg vom Restaurant zum Taxi eingeschlafen sein. (Versucht sich aufzurichten) Dann kann ich ja jetzt gehen.
ARZT: Bleiben Sie ruhig, Frau Flanders. Legen Sie sich ruhig wieder hin. Sie können jetzt noch nicht gehen.
HANNA: Aha. Und warum?
ARZT: Weil wir Sie wahrscheinlich überweisen müssen.
HANNA: Was? Wohin denn?
ARZT: In eine andere Klinik.

Hanna richtet sich auf. Die Krankenschwester hält sie fest und beruhigt sie.

HANNA: Nein. Aber wieso denn? Das kann ich mir im Moment gar nicht leisten!
ARZT: Beruhigen Sie sich. Ich werde Ihnen alles erklären.
HANNA: Kann ich bitte eine Zigarette haben?

Der Arzt schüttelt den Kopf.

ARZT: Nein. Es ist völlig ausgeschlossen, daß Sie rauchen. Darüber will ich mit Ihnen sprechen. Ich muß ganz offen sprechen, und Sie müssen mir versprechen, daß Sie jetzt ruhig bleiben. Das ist alles in Ihrem Interesse.

Eine Routineuntersuchung
Hannelore Elsner (Hanna Flanders)

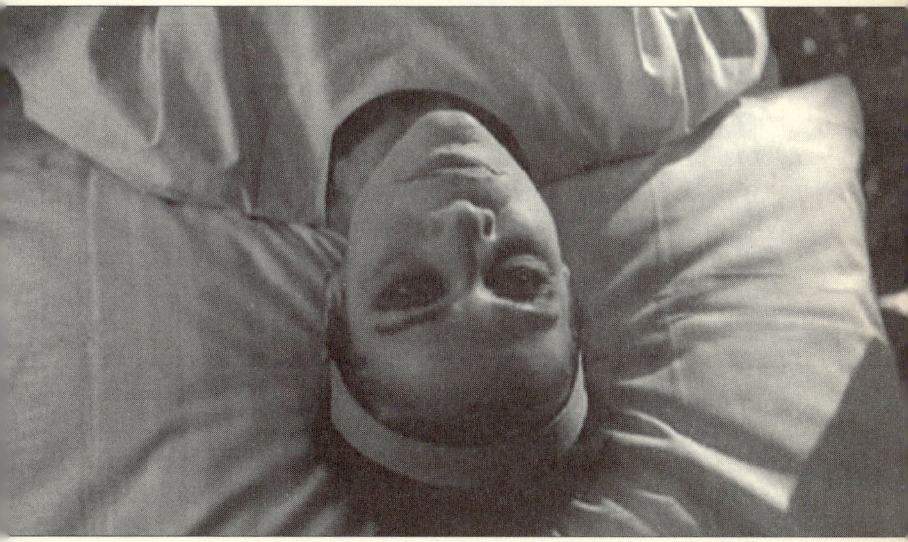

Hanna starrt den Arzt an.

ARZT: Wir haben eine Routineuntersuchung mit Ihnen durchgeführt und dabei festgestellt, daß Ihr linkes Bein starke Symptome eines Raucherbeins aufweist.
HANNA: Was?
ARZT: Bitte, bleiben Sie ruhig.

Hanna will aufstehen. Die Krankenschwester schafft es nicht, sie zurückzuhalten. Sie gleitet von der Pritsche und fällt fast wieder hin.
Krankenschwester und Arzt fangen sie auf und führen sie zurück zu der Pritsche.

ARZT: Sie haben mir versprochen, ruhig zu bleiben.
HANNA hysterisch: Das Bein ist ja ganz taub.
ARZT: Das ist nicht schlimm. Wir haben ein Sedativum eingesetzt, um den Blutfluß besser zu regulieren. Das ist ganz normal. In zwei Stunden können Sie wieder völlig normal gehen.
HANNA: Und was ist denn nun mit meinem Bein?! Was soll das heißen, Raucherbein?!
ARZT: Wenn Sie weiter rauchen, müssen Sie damit rechnen, daß das Bein in kürzester Zeit amputiert werden muß.
HANNA: Was?! (Will in Tränen ausbrechen)
ARZT: Weinen Sie jetzt nicht. Hören Sie lieber zu. Sie müssen jetzt sehr, sehr tapfer und diszipliniert sein. Sie werden sofort auf Nikotinentzug gehen und keine Zigarette mehr anrühren. Und wir werden gleichzeitig einen Tablettenentzug durchführen. Wir werden Sie deshalb, mit Ihrer Einwilligung natürlich, für etwa eineinhalb Wochen auf eine geschlossene Entzugsabteilung in München-Laim bringen. Und dann werden Sie anschließend in ein Sanatorium gebracht, wo Sie sich weitere vier Wochen kurieren müssen.

Damit besteht eine Chance, das Schlimmste abzuwenden: die Amputation. Aber ich sage noch einmal ganz deutlich: Das ist nur eine Chance. Das ist nicht sicher. Und Sie müssen alles dafür tun, daß Sie das unversehrt überstehen. Sind Sie damit einverstanden?

Hanna blickt auf ihren ausgestreckten Körper, der sich unter der dünnen Decke abzeichnet, und nickt mit dem Kopf.

HANNA leise: Ich bin mit allem einverstanden.
ARZT: Dann bringt die Schwester Sie jetzt auf Ihr Zimmer. Also dann. Auf Wiedersehen, Frau Flanders. Und bleiben Sie tapfer. (Reicht ihr die Hand)
HANNA: Ja. Auf Wiedersehen.

Die Krankenschwester schiebt Hanna in die Totale. Der Arzt geht aus dem Bild. Die automatische Schiebetür geht zu.

73 KLINIK/WARTESAAL INNEN/NACHT

Makroaufnahme der Spitze des schwarzen Zeigers, der von Strich zu Strich springt.
Groß auf Hanna, die verschrocken mit den Augen blinzelt.
Total auf Hanna, die allein auf einer langen, leeren Holzbank sitzt.
Sie trägt den weißen Morgenmantel der Klinik. Ihre abgemagerten Beine schauen heraus, und ihre Füße stecken in irgendwelchen Krankenhausgaloschen. Sie ist sehr nervös.
Fahrt groß auf Hanna, ihr Gesicht ist zur Hälfte angeschnitten vor der weißen Wand. Ihre Pupille zuckt nach rechts.
POV Hanna: Schwenk von der Uhr auf ein großes Holzkreuz auf der weißen Wand gegenüber. Im Off das heftige, laute Tikken.
Hannas Blick weicht weiter nach rechts aus.

POV Hanna: eine weiße Wand, das Ticken unerträglich laut.
Totale: Hanna erhebt sich abrupt und geht unruhig herum: vier Meter nach links, vier Meter nach rechts. Dann setzt sie sich wieder genau an die gleiche Stelle wie vorher.
Die Kamera springt in eine Großaufnahme. Hanna starrt geradeaus.
POV Hanna: Uhr/Holzkreuz/weiße Wand/Uhr/über allem das laute Ticken.
Hanna steht abrupt auf. Wieder geht sie vier Meter nach links und bleibt dann unschlüssig stehen. Sie kaut auf den Nägeln, blickt sich um, kommt auf die Kamera zu, bleibt in einer Nahaufnahme stehen. Im Off das laute Ticken. Ihr Blick eilt hin und her.
Die Kamera ist jetzt hinter Hanna postiert. Langsam geht sie auf die gegenüberliegende Wand zu. Sie tastet sich hoch nach dem unteren Ende der Uhr und versucht, sie abzunehmen. Nach mehrmaligem Versuch löst sie sich aus der Halterung, rutscht ihr aus der Hand und knallt zu Boden. Hanna springt zurück. Im Off hören wir Schritte.
Hanna weicht zurück und nimmt wieder auf der Holzbank Platz.
Im selben Moment erscheint eine Krankenschwester.
Hanna blickt ihr furchtsam entgegen.

KRANKENSCHWESTER: Frau Flanders. Was ist denn? Es ist schon halb vier, und Sie sind immer noch nicht im Bett.

Ihr Blick fällt auf die Uhr.

KRANKENSCHWESTER: Geht das nicht ein bißchen zu weit?
HANNA: Es tickt so laut.

Die Krankenschwester hebt kopfschüttelnd die Uhr auf und hängt sie wieder an die Wand. Hanna sieht ihr dabei zu.

KRANKENSCHWESTER: Sie haben Glück. Sie hätte kaputtgehen können.
HANNA: Schwester Marga. Geben Sie mir bitte eine Zigarette, damit die Entzugserscheinungen aufhören.
KRANKENSCHWESTER: Das geht nicht. Das wissen Sie genau. Da müssen Sie jetzt durch. Und zwar mit eigener Willenskraft.

Hanna macht eine verzweifelte Geste.

KRANKENSCHWESTER: Hanna. Tun Sie mir einen Gefallen und gehn Sie jetzt ins Bett.
HANNA: Ich kann nicht schlafen. Es hat keinen Sinn. Ich hab es versucht.
KRANKENSCHWESTER: Na gut. Aber lassen Sie wenigstens das Zeug an den Wänden.

Hanna nickt. Die Krankenschwester verläßt den Raum.

Großaufnahme von Hanna: Im Off wird das Ticken der Uhr wieder lauter.
POV Hanna, Makro: Die Zeigerspitze hackt auf die schwarzen Striche der Wanduhr ein.

Hanna preßt die Augen zusammen. Schwarzblende/das Ticken hört auf.
Makro: Der Zeiger der Uhr, der von Strich zu Strich springt:

RONALD off: Hanna! Hanna!

Hanna groß: Sie guckt von der Uhr abwärts.
Ronald und ein Arzt stehen in der Tür.
Hanna lächelt auf einmal. Ronald eilt auf sie zu und kniet neben sie.

Er ist gekleidet wie ein Reisender: im langen, schwarzen Mantel, mit einem großen Smaragdring am Finger, offenes, langes Haar, die Augen schwarz umrandet geschminkt.

RONALD: Hanna! Hanna!

Er umarmt und streichelt sie zärtlich und warm.

RONALD: Hanna! Hanna! Meine Liebe! Meine liebe, liebe Hanna!

Hanna öffnet langsam und verstört die Augen und läßt mit Ronalds Hilfe die Hände sinken. Die beiden umarmen sich.

HANNA: Ronald. Wo kommst du denn her? Die haben gesagt, daß ich das Rauchen aufhören muß, sonst krieg ich ein Raucherbein. Das ist alles so schrecklich. Ich kann nicht schlafen. Die haben mich von Hundert auf Null runtergesetzt. Das ist eine einzige Tortur.

RONALD zum Arzt: Können Sie uns vielleicht 5 Minuten alleine lassen?

ARZT: Selbstverständlich. (Arzt geht im Hintergrund ab)

Ronald betrachtet Hanna und streicht ihr über die Wange. Er kann gar nichts dagegen tun, aber seine Augen füllen sich mit Tränen.

HANNA: Ich träum immer wieder wach. Ich hab seit drei Nächten nicht geschlafen. (Blickt ihn an) Ich bin so froh, daß du da bist.

RONALD: Ich hab dich überall gesucht. Ich bin seit zwei Tagen in München. Niels wußte nicht, wo du steckst. Du siehst sehr müde und erschöpft aus. Hat man dir dein Wichtigstes genommen. Deine Zigaretten. (Lächelt)

HANNA lächelt: Mein Wichtigstes. Es kommt mir fast so vor.

RONALD: Weißt du was? Was ich mache? Ich höre ab jetzt mit dir auf. Ich schmeiße das Päckchen weg. Ich hör auf.

Er holt zwei Packungen Zigaretten aus der Tasche und zerknüllt sie in seinen schmalen Händen zu einem runden Ball und feuert ihn in die Ecke.
Hanna betrachtet währenddessen die Hände.

HANNA: Du bist verrückt. Ich liebe dich.

Die Krankenschwester erscheint in der Tür.
Ronald dreht sich zu ihr um.

RONALD: Bringen Sie das weg. Das sind meine Zigaretten. Damit wir bloß ja nicht in Versuchung kommen, sie anzurühren.

Während die Krankenschwester im Hintergrund die Zigaretten aufhebt und weggeht ...

RONALD: Ich bin so froh, daß ich dich gefunden habe. Du kannst es dir gar nicht vorstellen.

Die beiden blicken sich an.

RONALD scherzhaft: Und, wie geht's?

Hanna muß über diese Frage lächeln.

HANNA: Wie geht's selbst? Wohin des Wegs? Du siehst nicht aus, als ob du in München bleibst.

RONALD: Ich muß weiter nach Wien. Die haben Interesse an meinem Stück.
HANNA: Oh, wirklich. Das ist schön. Das ist wirklich ... schön. Und du siehst auch so gut aus. Wirklich.

Ihr kommen unwillkürlich die Tränen.

RONALD: Hanna.

Er nimmt sie in den Arm und schaukelt sie zärtlich hin und her.

HANNA: Es ist schon gut. Eigentlich bin ich ganz froh, daß ich hier bin. Wie sagt man: in Obhut. Ich glaube, das ist ganz gut, ein Weilchen in Obhut zu sein, oder?
RONALD nickt: Bestimmt ist das gut. Du brauchst dich um nichts zu kümmern. Die Schwestern sind nette Zimmermädchen. Das ist wie im Kempinski. Bald kannst du auch wieder schlafen.
HANNA: Ich hab Angst mit dem Schlaf.
RONALD: Der Schlaf kommt, du wirst sehen.
HANNA: Meinst du?
RONALD nickt: Weißt du, was ich glaube?
HANNA: Was?
RONALD: Ich glaube, du machst das zum letzten Mal durch. Danach kommt etwas Neues. Ich glaube daran. Wenn ich aus Wien zurück bin.

Ronald sieht, daß Hanna schweigend zu Boden blickt, und hört auf zu reden.
Für einen Moment entsteht Schweigen. Das Uhrticken setzt unbarmherzig laut ein. Hanna blickt auf und Ronald direkt an.

HANNA: Ich bin so müde, so müde. In mir drin bewegt sich alles so leicht und unheimlich, die ganzen Erinnerungen ... meine Gefühle kehren zurück.
RONALD: Aber das ist doch schön.

Hanna schüttelt verzweifelt den Kopf.

HANNA: Sie sind so leicht, weil sie nicht wirklich sind. Sie wollen mich nicht lebend. Sie driften weg. Sie driften weg, verstehst du? Und ich häng in der Luft, wie ein schweres Eisengewicht.

Sie blickt Ronald direkt an. Seine Augen füllen sich mit Tränen.

RONALD: Sie driften nicht weg. Das tun sie nicht. Sie driften nicht weg. Sie kommen wieder zurück, Hanna. Es wird wieder leichter. Das glaubst du mir doch. Das mußt du mir glauben!

Er preßt ihre Hände. Die Tränen fallen ihm jetzt aus dem Gesicht. Er blickt zu Boden, und ein Schauer durchläuft ihn. Diesmal ist es Hanna, die ihn in ihre Arme nimmt.

HANNA: Du bist mein Sohn. Du bist mein richtiger Sohn. Du mußt genauso aufpassen auf dich. Du bist genauso wie ich.

Ronald umschließt Hanna mit den Armen.
Für einen Augenblick sieht die Krankenschwester zur Tür herein und verschwindet wieder.

HANNA: Du mußt aufpassen in Wien. Wien ist ein sehr gefährliches Pflaster für einen jungen Mann wie dich.
RONALD: Wieso?

HANNA: Da pfeift ein ganz kalter Wind. Der kommt von überall her und bringt so einiges mit.
RONALD: So? Was denn zum Beispiel?
HANNA: Sei nicht so vorlaut zu deiner Mutter. Ich hab mal in Wien studiert. Ich war permanent nur auf der Pferderennbahn.

Beide lachen wieder.

HANNA: Hast du mir eigentlich die Suite im Waldorf Astoria gemietet?
RONALD: Vielleicht.
HANNA: Vergessen, hm?
RONALD: Überhaupt nicht vergessen. Dreißigster Stock. Suite ist reserviert.
HANNA: Und wo ist das Ticket?

Ronald zuckt mit den Achseln.

RONALD: Das bring ich mit, wenn ich aus Wien zurück bin.
HANNA: Dir soll ich glauben?
RONALD: Na hör mal!
HANNA: Na gut, ich glaub dir.

Im Hintergrund treten der Arzt und die Krankenschwester in die Tür.

ARZT: Ich muß Sie leider bitten, jetzt zu gehen, Herr Vogel. Frau Flanders muß jetzt wirklich ins Bett und sich wenigstens noch zwei Stunden hinlegen. Es gibt ja schon bald wieder Frühstück.

Hanna und Ronald blicken sich an. Er zieht sich den Smaragd von dem Finger und hält ihn Hanna hin.

Abschied
Tonio Arango (Ronald), Hannelore Elsner (Hanna Flanders)

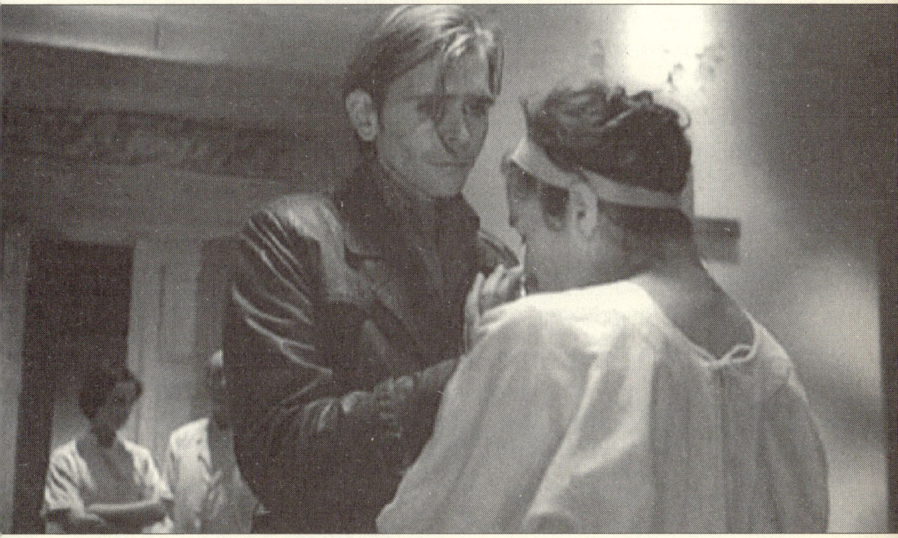

RONALD: Zur Aufbewahrung. Bis ich aus Wien zurück bin.

Hanna schüttelt sanft den Kopf.

RONALD: Damit dir nichts passiert.

Hanna legt ihre Hand auf die seine und umschließt mit seiner Hand den Ring.

HANNA: Den mußt du behalten. Der steht dir so gut.
RONALD: Aber ich krieg ihn doch wieder.

Hanna schüttelt sanft den Kopf.

HANNA: Behalt ihn. Du brauchst ihn in Wien.

Beide blicken sich an.

HANNA: Dann geht jetzt.
RONALD: Okay.

Er erhebt sich. Hanna steht auf, und beide umarmen sich. Dann löst sich Ronald und verläßt zügig den Raum.
Hanna blickt ihm nach, bis er weg ist. Während seine Schritte langsam verklingen, blenden wir ab.

74 KLINIK/WARTESAAL INNEN/NACHT/TAG

Totale: Hanna sitzt allein auf der Holzbank.
Der Raum wird rapide hell.
Hanna blickt sich im Raum um, blickt zu den Fenstern, die im hellen Morgenlicht strahlen, blickt auf die kleine, gerahmte Kopie der »Betenden Hände« in ihren Händen.
Von weit weg ertönt die Melodie des Songs von Ella Fitzgerald.

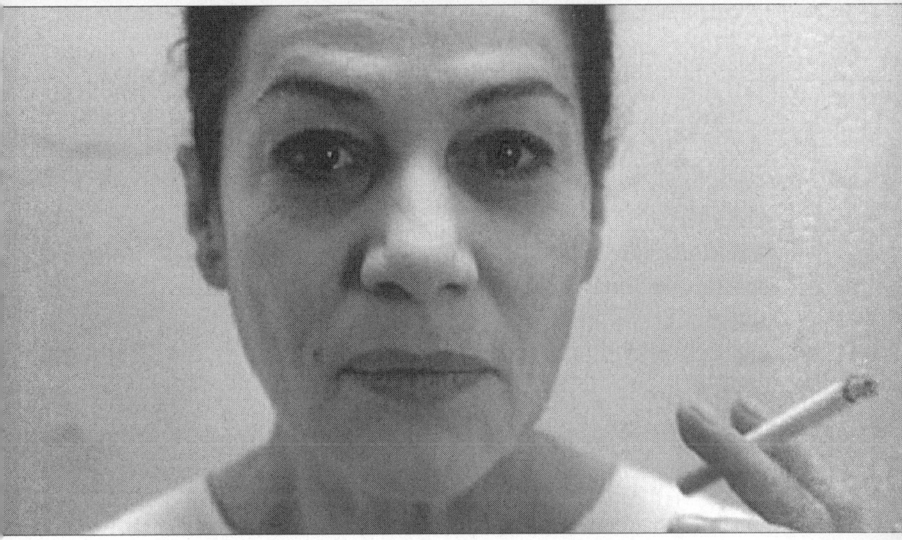

Die letzte Zigarette
Hannelore Elsner (Hanna Flanders)

Hanna steigt aus ihren Krankenhausgaloschen, steht auf und durchquert barfuß im Halbkreis den Raum. Alle Verzweiflung ist von ihr gewichen. Sie wirkt ruhig und fast ein bißchen gerührt. Dann verläßt sie den Raum.

75 KLINIK/TREPPENHAUS INNEN/TAG

Sie stößt die Tür zum Treppenhaus auf. Ihre Füße eilen die blanken Treppen hinauf. Das erste Stockwerk wird an einer Wandtafel angezeigt. Dann das zweite, das dritte, das fünfte. Hannas Füße laufen weiter, stoßen eine Tür auf.

76 KLINIK/GANG INNEN/TAG

Sie durchquert einen langen Gang. Eine Schwester mit einem Frühstückswagen kommt ihr entgegen und fährt in ein Zimmer. Hanna öffnet die Tür zur Frauentoilette und geht hinein.

77 KLINIK/FRAUENTOILETTE INNEN/TAG

Hanna ist einen Moment stehengeblieben und guckt sich um. Flüchtig streift sie ihr schemenhaftes Abbild in den Waschbeckenspiegeln, blickt zum Fenster, das geöffnet und von Sonne gefüllt ist. Sorgfältig hängt sie die Kopie der »Betenden Hände« an einen Nagel in einem Sonnenfleck bei den Waschbeckenspiegeln. Dann geht sie in eine der Kabinen und schließt die Tür hinter sich.

78 KLINIK/KABINE INNEN/TAG

Sie setzt sich auf den Klodeckel, holt eine Zigarette aus dem Bademantel, zündet sie sich an und raucht. Einmal blickt sie auf den Boden. Ein erster Sonnenstrahl tastet sich vor bis zu ihren Füßen. Hanna raucht in tiefen Zügen und voller Genuß die

Zigarette bis zum Filter und drückt sie dann ebenso genüßlich auf der Klobrille aus. Dabei erhebt sie sich, öffnet die Tür der Kabine und tritt nach draußen.

79 KLINIK/FRAUENTOILETTE INNEN/TAG

Ihr letzter Blick gilt dem geöffneten Fenster. Langsam durchquert sie den Raum und setzt sich ans Fenster. Und läßt sich nach draußen fallen. Das Fenster ist leer. Im gleichen Moment blendet der Ton aus. Fade to black.

ENDE

Günter Blamberger
Zeichen der Freiheit

Notizen zu Oskar Roehlers Film »Die Unberührbare«

Ich sterbe, also bin ich. In der ersten Szene des Films sieht man TV-Bilder mit jubelnden Menschen angesichts des Mauerfalls im November 1989 und vor dem Fernsehgerät eine vor Entsetzen starre Hanna Flanders, das Arsenfläschchen in der Hand. Der Tod der DDR kündigt sich an und der Tod einer Schriftstellerin, der die marxistische Ideologie Halt gegeben hat. Ein Ende soll das andere erklären. Der Film ist in den Feuilletons denn auch häufig als ein Nachwendefilm verstanden worden, als ein Ausdruck der Desillusionierung, als konsequente Darstellung der Kehrseite der Euphorie von 1989. Meines Erachtens täuscht er einen Zusammenhang von Zeit- und Lebensgeschichte vor, um dieses Zugeständnis an Popularität hernach umso gründlicher zu kassieren. Der Schock der ersten Bilder hat Kalkül. Der Zuschauer wird in der Folge keine Szene sehen, ohne an den Tod zu denken, an den Beginn des Films, der den Schluß vorwegnimmt, an die nur aufgeschobene und dann vollendete Selbsttötung. Jede Szene begründet sie neu und anders und hebt damit die schlichte Kausallogik des Anfangs auf. Hanna Flanders ist keine Märtyrerin, die sich für eine Ideologie opfert. Ebenso banal wäre es, sie als Opfer der Tablettensucht, des Geldmangels, des Mißerfolgs als Schriftstellerin, der hartherzigen Mutter oder der männlichen Übergriffe zu denken. So verschiebt sich allmählich die Frage. Von Interesse ist weniger, warum Hanna Flanders sterben *muß*. Zu verstehen ist, warum sie sterben *kann*. Die Antwort darauf ist nichts für gewöhnliche Sterbliche. Der Freitod von Hanna Flanders ist ein letzter Ausdruck dafür, daß sie sich dem aller Natur eingeschriebenen Zwang zur Selbsterhaltung ein Leben lang entzogen hat, daß sie Freiheit prinzipiell als einen Akt begreift, der die eigene Selbsterhaltung notwendig verletzen muß. Der destruktive ist zugleich ein schöpferischer Akt. Denn ohne die Aufgabe jeglicher Sicherheit ist Neues im Leben nicht möglich und nicht in der Kunst. Dergestalt bleibt Hanna Flanders eine Künstlerexistenz, auch wenn der Film sie nicht mehr als die große Autorin zeigt, die sie war. Nur zu überleben genügt ihr nicht.

Alles, was fällt, hat Flügel. Kippfiguren. Ursprünglich hieß der Film »Umnachtung«. Das läßt an eine Pathographie denken, und Pathographien sind dem großen Publikum, das sich im Kino amüsieren will, schwer verkäuflich. Dem Verband der deutschen Kinobesitzer und dem Advanced-Film-Verleih ist denn auch die Umbenennung zu verdanken, die das Zentralproblem des Films zu personifizieren scheint, die Hauptdarstellerin in den Mittelpunkt rückt und damit den Star Hannelore Elsner, der Zuschauer auch für den low-budget-Film eines bis dato relativ unbekannten Regisseurs ins Kino locken kann. Die Frage ist, ob der Titel »Die Unberührbare« treffender ist. Eigentlich ist er gegen den Strich zu lesen. Hanna Flanders hat keine Angst vor Berührungen. Sie sucht sie, in den Begegnungen mit dem Callboy, mit Joachim, mit dem Lehrer in der Kneipe, mit den Eltern oder Bruno. Jede Szene bildet eine Kippfigur, die Affekte schlagen um, von scheuer Annäherung zu enttäuschter, verletzender, oft gewaltsamer Entfernung. Am Ende steht zumeist die Erschöpfung. Selbsterhaltung: Das wäre die Vermeidung jeder Kippfigur, die gerade Linie der Gleichgültigkeit. Hanna Flanders jedoch leidet nicht an der gegenwärtigsten aller Todsünden, der Trägheit des Herzens und des Kopfes, die alle Unterschiede einebnet, die Differenzen nicht mehr mit Affekten markiert, die leidenschaftliche Liebe genauso aufgibt wie den Haß. Sie ist ständig erschöpft, weil sie von allem berührt wird, aber nicht träge. Ihr Selbstmord resultiert nicht aus einem Defizit, sondern aus einem Übermaß an Leben. Für eine Kranke darf man sie nicht halten. Die Drogen, die sie nimmt, sind Mittel gegen die Erschöpfung, gegen die Schlaflosigkeit, und kein Glückssurrogat. Sie betrügen sie nicht um ihre letzten Kräfte – die der Sehnsucht und Verachtung, der Sehnsucht nach Wahrheit und Freiheit und der Verachtung ihres Gegenteils. Nach vielen dunklen Tagen und Nächten fällt sie ins gleißende Licht; das ist die letzte Kippfigur des Films. Die Art, wie Hanna Flanders/Hannelore Elsner auf dem Fensterbrett balanciert, Haltung vor dem Sturz bewahrt, erinnert vom Bildmotiv her an »Birdie« und von der Ikonologie her an den Sturz der Heroen, die vergeblich den mittleren Weg zwischen Himmel und Erde gesucht haben.

Von Angesicht zu Angesicht. Hanna Flanders ist eine Fremde in einem ihr feindlichen Land. Dem entspricht die Filmtechnik. Großaufnahmen lösen sie immer wieder aus ihrer Umgebung heraus und trennen sie von ihren Gesprächspartnern im Film ab. Das Gesicht wird isoliert und befreit zugleich, die Handlung wird angehalten für Augen-Blicke, die das Geschehene kommentieren und Spiegel der Seele sind. Durch das close-up-Verfahren wird nicht nur die Einsamkeit der Hanna Flanders spürbar. Es wird auch eine künstliche Nähe zum Zuschauer geschaffen. Die Kamera spricht damit das Gegenwort: Sie zwingt uns, jemanden anzusehen, der sein Ansehen in der Öffentlichkeit verloren hat. Hanna Flanders/Hannelore Elsner wird in jeder Einstellung gezeigt, und häufig aus nächster Nähe. Das ist die äußerste Herausforderung für eine Schauspielerin, zumal die Maske reduziert ist: Perücke und weiße Schminke als Rahmen und Bühne des Gesichts. Die Glaubwürdigkeit ihres Mienenspiels steht in der Vergrößerung auf der Probe und ihre Wandlungsfähigkeit. »Die Unberührbare« ist damit ganz der Gegensatz zu »Lola rennt«. Nicht um räumliche Bewegungen geht es, sondern um seelische. Nicht um Ortsveränderungen, sondern um die Veränderung des Ausdrucks im Kleinen, fast Unmerklichen. Die Empfindungen flüchten sich in das Zucken einer Augenbraue oder eines Mundwinkels. Ein Beispiel von vielen geben die Seitenblicke auf den Lehrer in der Kneipe: versteckte Übergänge von Neugier in Verwunderung, Ironie, Spott, Verachtung und zuletzt Ekel. Die Selbstverständlichkeit, mit der ein Mann wie der Lehrer behauptet, sie glücklich machen zu können, empfindet Hanna Flanders als Kränkung und Schwachköpfigkeit. Nichts erstarrt in dieser gleitenden Affektskala zur Pathosformel. Das Unsichtbare wird in Hannelore Elsners Darstellung auf diskrete Weise sichtbar und ein Reichtum an Gefühlen dabei entfaltet, eine Komplexität, Intensität und Lebendigkeit des Ausdrucks, die den Zuschauer parteiisch macht, ihn dazu zwingt, den radikalen, alle und alles auf seine Wahrheit prüfenden Blick der Hanna Flanders zu teilen und ihr Schicksal als eine Tragödie zu denken, in der nicht eigentlich die Heldin an der Wirklichkeit zerbricht, sondern die Wirklichkeit an der Heldin.

Mutter und Sohn: doppelte Autorschaft. Das erste Gesicht, das sich jedem überdimensional aus nächster Nähe zuwendet, ist das der Mutter. Von daher hat die Filmpsychologie auch die Wirkung von Großaufnahmen und die Identifikation mit den Stars zu erklären versucht, als regressive Verschmelzungswünsche. Der generative Kern für »Die Unberührbare« könnte das Erschrecken über die Veränderlichkeit des Muttergesichts sein, über das Fremdwerden des Vertrautesten. Das historische Vorbild für die Figur der Hanna Flanders ist die Schriftstellerin Gisela Elsner, Oskar Roehlers Mutter, die die Familie verließ, als der Sohn drei Jahre alt war. In den 60er Jahren war sie so bekannt wie Ingeborg Bachmann. Ihr Roman »Die Riesenzwerge«, der den präfaschistoiden Familienmief so grotesk und schonungslos zu vermessen wagte wie Günter Grass' »Blechtrommel«, wurde mit dem renommierten Prix Formentor ausgezeichnet. Aus Grass wurde bekanntlich ein milder und politisch korrekter Espedero und gefeierter Nobelpreisträger, Gisela Elsner blieb dagegen in ihren Romanen nach den »Riesenzwergen« kompromißlos, ästhetisch wie politisch, ihre am französischen nouveau roman und an der marxistischen Philosophie geschulten Analysen der bundesdeutschen Gesellschaft hatten weder bei der Kritik noch beim Publikum Erfolg. Gelesen wurde sie in den 80er Jahren vor allem in der DDR. Als 1989 die Mauer fiel, brach für sie eine Welt zusammen, ihr Hausverlag, der Rowohlt-Verlag, kündigte ihr den Vertrag. Finanziell am Ende und tablettensüchtig nahm sie sich im Mai 1992 im Alter von 55 Jahren das Leben, indem sie aus dem Fenster eines Münchener Krankenhauses sprang. Soviel zum Verhältnis von Fiktion und Wirklichkeit. Oskar Roehlers Drehbuch und Film sind der Versuch einer Annäherung an die Fremde, eine riskante Experimentieranordnung, in der der Sohn als Autor und Regisseur die Mutter durch alle Abgründe führt, um sie am Ende zu verstehen. Diese Absicht bestimmt schon die Poetologie des Drehbuchs, insofern es die Figur des schreibenden Sohnes doppelt besetzt und zwei unterschiedliche Sohnesbilder entwirft. Viktor personifiziert das gekränkte Kind, das die Mutter besiegen will, wie sein Name schon sagt. Triumphierend führt er sein Anders-Sein vor: den von der Sucht befreiten, disziplinierten Körper, die fleißige Arbeit am Computer, seine hübsche, blonde Ehefrau, die joggt, um ihre Aggressionen loszuwerden. Die Unterdrückung der Mutter-Natur will nicht recht gelingen, was Lars Rudolph im Film durch sein nervöses Spiel deutlich zu machen versucht. Viktor bleibt Episode, Ronald dagegen, das alternative Sohnesbild, begegnet Hanna Flanders wieder und wieder, wenn sie in Not ist, als ein engelsgleicher Beschützer in den Todesszenen am Anfang und am Ende, der mit Hanna durch Verständnis und Zärtlichkeit verbunden ist. Das Sinnbild dafür ist der Ring, den die Kamera noch einmal nachzeichnet, als Hanna das Geschenk verweigert: in der Kreisbewegung um das sich umarmende Paar. Daß die Annäherung an die Mutter gelingen kann, hat in der filmischen Realisation des Drehbuchs vor allem den Grund, daß der Regisseur kein Diktator ist, sondern dem Spiel seiner Hauptdarstellerin vertraut und dafür die Konventionen des filmischen Apparats verändert. Normalerweise ist das Verhältnis von Regisseur und Schauspielerin im Film ja asymmetrisch, die Schauspielerin nur Material in der Hand des Regisseurs, ihr Spiel wird durch die Produktionsbedingungen parzelliert und erst am Schneidetisch von fremder Hand zu einer Sinneinheit zusammengesetzt. Oskar Roehler dagegen hat Hannelore Elsner die Freiheit und Eigenständigkeit ihres Spiels gelassen, und das war keine allein ethische Entscheidung, sondern ebenso eine technische. Hannelore Elsner konnte die Figur der Hanna Flanders kontinuierlich aufbauen und ihre Rollenkonzeption in jeder Szene ganzheitlich entwickeln. Die Voraussetzung dafür war u.a., daß das Drehbuch fast chronologisch von Anfang bis Ende in Szene gesetzt wurde, in der Reihenfolge der Handlung wie bei einem Theaterstück. Hektische Schnitte und Montagen, die das Spiel von Hannelore Elsner zerreißen würden, findet man nicht. Es dominieren fast altmodisch lange Einstellungen, in denen sich der Regisseur ganz auf die Schauspielkunst seiner Hauptdarstellerin verläßt. Daß sie in jeder Szene des Films präsent ist, wurde schon erwähnt. Im Grunde hat der Film damit zwei Autoren. Die Biographie der Mutter wird aus der männlichen Perspektive des Regisseurs wie aus der weiblichen Perspektive der Hauptdarstellerin entworfen. Das Ergebnis ist die Umkehrung der Ausgangsposition des Films. Hannelore Elsner spielt die für den Sohn einst unberührbare, böse Mutter so lange gegen den Strich, bis sich das Erschrecken in Liebe wandelt und die Fremde vertraut wird.

Helden und Chargen. Im Wechselrahmen. »No place to go«, so lautet der englische Titel des Films. Die Heldin hat keinen Ort mehr, an dem sie geborgen ist, sie bewegt sich in Zwischenräumen, sie geht von Station zu Station, wie es in Passionsgeschichten üblich ist. Oskar Roehler erzählt von den letzten Tagen eines Menschen, linear-chronologisch, er holt das ganze Leben der Hanna Flanders dabei ein und schafft dies ohne Rückblende. Der Film hat eine episodische Struktur, in einem Zyklus von Begegnungen wird das Porträt wie ein Puzzle zusammengesetzt. Es gibt eine Hauptakteurin und eine Reihe von Nebenakteuren, die jeweils nur einmal auftreten. Eine Heldin im Zentrum also und Chargen an der Peripherie. Das Problem der Nebendarsteller, der Chargen, ist es, in wenigen Momenten erkennbar zu werden. Das gelingt durch komprimiertes Spiel, durch die psychologische Ausdifferenzierung des Hauptcharakterzugs, etwa in Vadim Glownas großartiger Darstellung linker Melancholie und intellektueller Larmoyanz des Alt-68ers. Zuweilen kommentiert der Film aber auch den bekannten Hang der Chargen zu übertriebenen Äußerlichkeiten und Körperlichkeit, womit sie sich kurzzeitig in den Vordergrund spielen wollen – z.B. in der mechanisch-akkuraten Art, wie der Callboy sein Hemd aufknöpft, oder in den ausladenden Gesten und der schnarrenden Stimme des Hotelportiers. Hanna Flanders hat eine Neigung zu solchen Sonderlingen, weil sie selbst eine Außenseiterin ist. Der ästhetische Ausdruck dafür ist der Wechsel vom Zentrum an die Peripherie, der Einbruch der Chargenmethoden ins Heldenfach, die ungeschönte Darstellung von Körperlichkeit auch bei der Hauptdarstellerin, durch Oberlicht bewirkt z.B. oder durch die Verschiebung des Kamerastandpunktes, durch Untersicht. Hauptdarsteller sind, so hat Rudolf Arnheim 1931 in seinem »Lob der Charge« geschrieben, üblicherweise in »Lilienmilch gebadet«, Nebendarsteller dagegen »mit sterblichen Mängeln behaftet«, sie haben »Falten am Hals«. Oskar Roehlers Film hebt diese Polarität auf. Er zeigt immer wieder, wie Hanna Flanders verletzt und elend ist, aus der Façon gerät, und wie sie sich einen Heldenpanzer konstruiert aus Perücke, Dior-Mantel und glattgeschminktem Gesicht. Der Tausch der Bilder geschieht bewußt, dafür steht schon zu Beginn des Films das Motiv des Spiegel-Blicks, der Hannas Ansichten als Inszenierungen reflektiert. Solche Kadrierungen sind häufig. Der Blick auf Hanna wird durch Spiegel, Fenster, Türen, Korridore eingerahmt. Die Kamera fährt den flachen Bungalow in München ab, der durch Fenster in Zellen geteilt ist, der Zuschauer sieht Hanna Flanders aus großer Entfernung, hinter Glas, von außen. Diese Außenansicht wiederholt sich, als Hanna Flanders die Plattenbauwohnung in Berlin bezieht. Dann aber wechselt die Einstellung, Hanna Flanders liegt auf der Couch, die Kamera blickt von oben auf sie und fährt langsam den Körper ab, von den Füßen bis zum Kopf, um dann in der nächsten Einstellung dem panischen Blick der Eingesperrten zu folgen. Die filmischen Mittel werden bewußt vorgeführt, die Medialität der Darstellung hervorgehoben. Das geschieht auffällig auch in einer der letzten Einstellungen. Hanna Flanders sitzt in der Klinik auf der Toilette, auf dem Schoß die letzte Zigarette, die Kamera fährt auf sie zu, kollidiert fast mit ihrem Gesicht und rückt dann von ihr ab. Das mag man als Sinnbild dafür verstehen, daß jeder im Sterben allein ist. Zugleich wird jedoch die Artifizialität der Annäherung damit betont und die Identifikation des Zuschauers mit der Heldin durchbrochen. Sie zeigt sich als unverfügbar. Das ist kein simpler Verfremdungseffekt im Brechtschen Sinn, weil nicht der Zuschauer die Spielperson testet, sondern die Spielperson den Zuschauer. Die Wirkung dieses Bildes erschöpft sich nicht im Kognitiven, sie ist magisch, insofern die Grenze der Leinwand aufgehoben scheint. Hanna Flanders erwidert den Blick, sie schaut uns an, das ist der irritierende Eindruck. Sie prüft unseren Blick, wehrt ihn ab und geht danach in den Tod. Alfred Döblin hat einmal gesagt, daß ein Menschengesicht davon lebt, daß es von einem anderen angeschaut wird.

Neoexistentialismus. Eine der großartigsten Einstellungen des Films zeigt Hannelore Elsner alias Hanna Flanders auf einem kahlen Feld, unter weitem leeren Himmel, gegen den Strom der mit leeren Gesichtern zur Arbeit hastenden Menschen angehend – sinnfälliger kann man die transzendentale Obdachlosigkeit und den Nonkonformismus der Heldin nicht darstellen, die von keinem Jenseitstrost gestreift ihre Kämpfe im Diesseits ausficht, gerüstet als einsame Kriegerin, deren Verletztheit und Verletzlichkeit notdürftig verdeckt wird durch die Königsperücke der Cleopatra, die Kobra-Augen, den Mantel von Dior. Oskar Roehlers »Unberührbare« ist – wie Michel Houellebecqs Roman »Elementarteilchen« – ein Beispiel für die Wiederkehr existentialistischer Posen. Schwarzweiß: Das ist im Film normalerweise die Farbe des Präteritums, ein Indiz für die Rückwendung zur Vergangenheit. Die Seelenlandschaften scheinen nicht nur nach 1945, sondern auch nach dem Zerbrechen der ideologischen Dogmen 1989 in Trümmern zu sein. Die Ausgangsbehauptung von Roehlers Film ist die von Albert Camus' »Mythos von Sisyphos«, die Behauptung, daß es nur ein wirklich ernstes philosophisches Problem gebe, den Selbstmord, die Entscheidung, ob das Leben sich lohne oder nicht. Die erste Erkenntnis existentialistischer Philosophie heißt bekanntlich, daß das Leben Leiden ist, die zweite, daß die Frage nach dem Wozu des Lebens nicht mehr außerhalb unserer eigenen Existenz beantwortet werden kann, durch den Verweis auf eine sinnstiftende Religion oder politische Ideologie. Das macht den existentialistischen Helden frei und einsam zugleich und sein Dasein zu einem permanenten Experiment. Mit der Geste des Ekels schützt er sich vor falschen Kompromissen und zerfällt verlogene Glaubenszusammenhänge. Das Feuer des Idealismus ist ihm ausgegangen, verhaßt sind ihm dessen alltägliche

Erscheinungsweisen: dumpfe Harmonien, erpreßte Versöhnungen, miefige Nestwärme. Das ist auch die Situation der Hanna Flanders, spürbar vor allem in den Familienszenen, im Westen wie im Osten. Eine Ikone des Coolen wird sie dadurch nicht, die Maske der Distanz löst sich des öfteren in Tränen auf. Die Rückseite der Skepsis heißt eben nicht Indifferenz, Teilnahmslosigkeit, sondern die Enttäuschung darüber, keinen Traum mehr zu haben, die Enttäuschung darüber, daß es mit dem Kinderglauben, mit der ursprünglichen Hoffnung auf Wahrheit, vorbei sein soll. Der Film zeigt Hanna Flanders denn auch immer wieder als unschuldiges und schutzbedürftiges Kind, im weißen Kleid auf dem Tisch der Verlagslektorin schaukelnd, dankbar für einen Kaffee, oder zusammengerollt schlafend auf dem Bett im Kinderzimmer der DDR-Familie. Ein im positiven Verständnis eigensinniges Kind, das seine Autonomie verteidigt. Hanna Flanders bringt sich um, als sie vom Arzt erfährt, daß sie vielleicht aus eigener Kraft nicht mehr bewegungs- und lebensfähig sein könnte. Ihr Tod ist letztlich der Preis der Mündigkeit.

Professor Dr. Günter Blamberger ist Literatur- und Medienwissenschaftler an der Universität zu Köln.

MATERIALIEN

Susanne Weingarten
Die große Hasserin

Der Spiegel, 16/2 2000

Im Spielfilm »Die Unberührbare«, einem grandiosen Porträt der deutschen Schriftstellerin Gisela Elsner, darf Fernsehstar Hannelore Elsner endlich auf der Leinwand brillieren.
Eine Frauenhand hält ein Fläschchen mit Gift. Die Hand zittert, die Frau hängt am Telefon, hält das Fläschchen in der Linken, das Telefon in der Rechten, dazu eine Zigarette. »Ich bringe mich jetzt um«, sagt sie, »ich leg auf.«
Der Mann am anderen Ende der Leitung überredet sie zu einer letzten Zigarette. Sie zündet sich eine an, obwohl sie noch eine halb gerauchte in den Fingern hält, zieht abwechselnd an beiden. »Meinst du«, fragt der Mann, »das Arsen ist noch gut?« Im Fernsehen feiern jubelnde Menschen den Mauerfall.
Die Frau wird sich nicht umbringen, jedenfalls jetzt noch nicht. Einen Film lang ist ihr Aufschub gewährt. Einen Film lang wird sie reisen, all jenen begegnen, die ihr in ihrem Leben etwas bedeutet haben; sie wird die Güte von Fremden in Anspruch nehmen, viel Schnaps trinken, und sie wird sich bei jeder neuen Begegnung fragen, ob diese das Wagnis des Weiterlebens lohnt.
»Die Unberührbare« ist das großartigste Frauenporträt, das dem deutschen Film in den letzten zehn Jahren gelungen ist. Es steht außerhalb jedes Trends in der Branche, ein irritierend einzigartiges Werk, fremd und monomanisch, aber herzzerreißend schön. Seine Heldin heißt Hanna Flanders, aber gemeint ist jemand anders: die Schriftstellerin Gisela Elsner, die mit ihrem ersten Roman »Die Riesenzwerge« 1964 jung zu internationalem Ruhm kam und den Rest ihres Lebens davon zehrte.
Lange Jahre verkehrte Elsner in der Hautevolée der deutschen Literatur, anfangs gehätschelt wegen ihrer Sprachbegabung,

ihrer Exaltiertheit und ihres kleopatrahaften Aussehens, aber auch als dekorativ vorzeigbarer Bürgerschreck: In teuren Couture-Kleidern trat da eine Autorin auf, deren Sätze so bohrend spitz und gefährlich waren wie die Absätze ihrer Pumps. Mit erbarmungsloser, kalter Wut hackte die Elsner auf die seelenlose Nachkriegsgesellschaft ein. Ihre Elektroschock-Prosa lud die hitzige politische Atmosphäre der sechziger Jahre weiter auf. Sie passte in die Zeit.

Aus einem wohlhabenden, auf die Etikette achtenden Aufsteigerhaushalt stammend, trat Elsner in die DKP ein, verteidigte unbeirrbar den Menschenversuch hinter der Mauer – und ließ von ihrem Glauben auch nicht ab, als alle anderen sich vom radikalen Idealismus der frühen Jahre verabschiedet hatten. Die Zeit lief weiter, während Elsner verzweifelt versuchte, sie anzuhalten.

Mit dem immer gleichen schweren Make-up, der immer gleichen, aufgebauschten Haartracht mumifizierte sie sich selbst. Mehr und mehr schottete sie sich gegen die Wirklichkeit ab, bis sie kein Zweifel mehr erreichte. Das war verheerend für ihre Literatur, die doch nichts anderes wollte, als der Wirklichkeit glasklar nachzuweisen, wie jämmerlich sie war.

Mitte der Achtziger trennte sich ihr westdeutscher Verlag von ihr, sie verarmte, musste ihre Eltern anbetteln oder klauen gehen, besorgte sich ihre Tabletten mit gefälschten Rezepten. Die Vereinsamte schaffte kaum noch ein paar Treppenstufen, weil sie ohne Wodka, Pillen und vier Packungen Gitanes nicht durch den Tag kam. Die Wende entsetzte sie, mit ihrem Traum von der heilen DDR, den sie mit Tunnelblick gepflegt hatte, zerschellte ihre letzte Gewissheit. Am Ende war die Autorin eine tragische, aber auch eine unerträgliche Gestalt: hochfahrend und halsstarrig, eine große Hasserin, die ihre eigene Verletzlichkeit so gut unter ihrer Aggressivität begraben hatte, dass ihr Hass sie gleich selbst mit vernichtete.

Der Film »Die Unberührbare« geht gnädiger mit Gisela Elsner um, als es die Wirklichkeit getan hat. Er raubt ihr nicht die Würde,

zeigt nicht, wie sie tagelang in ihren Exkrementen vor sich hin dämmerte. Oskar Roehler (»Silvester Countdown«), 40, der Regisseur und Drehbuchautor, ist Gisela Elsners Sohn; sie hatte ihn als Kleinkind bei seinem Vater zurückgelassen. Dieser fernen, unberührbaren Mutter forscht Roehler in seinem Film nach, getrieben von der Sehnsucht, endlich eine Frau zu finden, die sich nicht immer wieder dem Verstehen und Vergeben entzieht.
Zumindest auf der Leinwand gelingt ihm das. In Schwarzweiß gedreht, auch weil dies die Lieblingsfarben Elsners waren, versucht »Die Unberührbare« erst gar nicht, eine realistische Biografie zu sein. Der für nur 1,7 Millionen Mark gedrehte Film zieht die Entwicklung, die die Autorin in den Tod trieb, zu einer mehrtägigen Odyssee unmittelbar nach dem Mauerfall zusammen: ein Stationendrama, in dessen Verlauf die Elsner ihren Sohn, ihren Ex-Geliebten, ihre Eltern, ihren ehemaligen Mann, einige Fans und einige Fremde trifft. Zwischendurch stolpert sie in einem hinreißenden weißen Dior-Mantel durch Plattenbauten und Ostbrachen: die letzte 68er-Intellektuelle, die endlich die Zeichen der Zeit begreift – und ihr eigenes Scheitern. Am Ende reicht ihre Kraft nur noch dazu, sich fallen zu lassen in den Tod.
Dass man diese Chronik eines angekündigten Todes bis zum Ende sehen will, verdankt Roehlers Film vor allem seiner Hauptdarstellerin Hannelore Elsner, 55. Die war lange nicht mehr auf der Leinwand zu sehen, und das ist eine Schande.
Die Elsner spielt die Elsner (keine Verwandtschaft übrigens), als wolle sie die Welt am Nacken packen und zum Hinschauen zwingen: Seht her, was alles drinsteckte in dieser Frau, welche Angst, welcher Mut, welche Demütigung und Qual, welche Stärke, welche Schwäche. Seht her, wie mühselig sie sich immer wieder aufgerappelt und die Diva herausgekehrt hat, die Zigarette in der affektiert abgespreizten Hand.
Die Darstellerin spielt alle Widersprüche der Schriftstellerin so mühelos aus, dass sie sich am Ende einfach auflösen.
Übrig bleibt eine Frau, die nicht zu retten war.

Merten Worthmann
Wege in die Nacht

Die Zeit, 19. 4. 2000

Als Kind soll sie sich mit einer Rasierklinge vorsichtig die Haut am Handgelenk aufgeschabt haben. Die Pulsader lag fast offen da. Dann hat sie um den Pulsschlag herum mit Lippenstift ein Zifferblatt gemalt. So tickte das Leben dahin, verletzlich nah am Tod. Später hat sie ihre Haut nicht mehr abgeschabt, dafür dick aufgetragen. Schminke satt, möglichst bleich, mit schwarzen Balken um die Augen, und dann noch eine ausladende schwarze Perücke obendrauf. Sie wollte unnahbar wirken. Aber das Leben hat sie doch zu Tode verletzt. Mit 55 Jahren ist sie aus dem Fenster gesprungen.

Oskar Roehler verzichtet auf die Kindheit, ihm reichen die letzten Wochen. Sein Film »Die Unberührbare« durchmisst mehrfach die Distanz zwischen der offenen Ader und dem versiegelten Gesicht. Er beginnt mit einem Selbstmordversuch und endet mit dem Selbstmord. Dazwischen wird das Leben auf eine letzte Probe gestellt. Der Befund ist negativ. Es lohnt sich nicht.

Es geht nicht mehr.

Roehlers Hauptfigur ist die Schriftstellerin Hanna Flanders, ihr Vorbild im wahren Leben hieß Gisela Elsner und war Roehlers Mutter. Sie hat ihren Sohn abgeschoben (mitsamt dem Gatten), als er drei Jahre alt war. Ungefähr zur gleichen Zeit, 1964, galt sie als Jungstar der westdeutschen Literatur. Sie war Ende zwanzig, sah sehr gut aus, und ihr erster Roman, die makabre Kleinbürger-Groteske »Die Riesenzwerge«, wurde ein großer Erfolg, in 14 Sprachen übersetzt und international ausgezeichnet. Von da an ging es langsam, aber stetig bergab. Die Bücher wurden schwächer, die Auflagen kleiner, bis der Rowohlt-Verlag sie fal-

len ließ und auch kein anderer Verleger ihr neues Manuskript mehr drucken wollte. Ihre Ausgaben dagegen stiegen, vor allem die für Alkohol und Tabletten. Gisela Elsner war die Tochter eines Siemens-Vorstandsmitglieds und gestattete sich ein mondänes Leben. Auf der anderen Seite pries sie den Sozialismus der DDR (vom Westen aus) und gestattete sich eine Mitgliedschaft in der DKP. Diese Erfolglosigkeit verschärfte ihren Hass auf die Konsumgesellschaft, von der sie doch zehrte.
Als 1989 die Mauer fiel, geriet sie in Panik, denn in ihren Augen verwandelte sich das sozialistische Traumland durch die sichtbare Konsumfreude seiner Bürger zum Alptraumland.
Zehn Jahre nach der Wiedervereinigung ist das ein schöner bitterer Filmanfang: Aus dem Fernseher kommen die Jubelnachrichten von der ersten Nacht am offenen Brandenburger Tor, und vor dem Fernseher in ihrem Münchner Wohnzimmer steht Hanna Flanders, hält sich an einer letzten Zigarette fest und sagt in den Telefonhörer: »Ich bring mich jetzt um.« Der Mann an der Leitung überredet sie zu einer zweiten letzten Zigarette. Mit je einem glimmenden Ende in jeder Hand und einem Glas Wein dazwischen kommt sie davon ab, auch noch das Zyankali zu schlucken. Irgendwann schläft sie auf dem Sofa ein. Im Fernsehen fließen weiterhin Freudentränen.
Am nächsten Morgen bäumt sich Hanna Flanders noch einmal auf. Sie beschließt, nach Berlin zu ziehen, »der Katastrophe« entgegen. Das wird ihr nicht gut bekommen. Oskar Roehler inszeniert ein Stationendrama der fortschreitenden Auflösung, voll beschämender Begegnungen, eine Rundreise in die Sackgasse. Er rückt sehr dicht heran an seine Hauptfigur und hält zugleich respektvoll Abstand. Hanna Flanders ist keine Heldin und kein guter Mensch. Aber diesen Sturz hat sie nicht verdient. Und die Welt, von der sie abgleitet, macht im Vorbeigehen auch keine gute Figur, denn sie scheint ihr nichts mehr bieten zu können. Ein wenig käuflichen Sex, ein wenig Frauensolidarität, ein paar Scheine aus Vaters Portemonnaie, eine Nacht voll trüber

Erinnerungen mit dem gealterten Exmann – das reicht nicht als Aufbauprogramm fürs Weiterleben. Wie in Louis Malles »Irrlicht« steht auch in »Die Unberührbare« jedes Stück Dasein unter erhöhtem Rechtfertigungsdruck, und hier wie dort bleibt am Ende der Selbstmord die bessere Alternative.

Oskar Roehler schmeißt sich nicht ran an die Tragödie, sondern sieht ihr zu, aber das mit Ausdauer. Ganz ruhig geht er Kapitel für Kapitel durch, oft in langen Einstellungen, die mitunter quälend sind – aber nur dann, wenn sie eine quälende Situation ohne Scham begleiten bis zum bitteren Ende. »Die Unberührbare« ist ein Schwarzweißfilm, unter anderem weil Schwarz und Weiß Gisela Elsners Lieblingsfarben waren. Aber natürlich passt das Unbunte auch gut zur dunklen Geschichte. So wird aus Roehlers Werk so etwas wie das westdeutsche Pendant zu Andreas Kleinerts »Wege in die Nacht«, dem ostdeutschen Nachwende-Sturzflug aus dem vergangenen Jahr. Dort geht ein arbeitsloser Kombinatsdirektor im Amoklauf zugrunde, weil er im neuen Deutschland keine Aufgabe mehr hat. Hier geht mit der Mauer eine falsche Utopie vor die Hunde, und es gibt kein leichtes Leben mehr, in dessen Räuschen die Enttäuschung zu überstehen wäre.

Oskar Roehler ist bisher ein Regisseur des Rausches gewesen. In »Silvester Countdown« und »Gierig« rangen Zwanzig- und Dreißigjährige heftig mit ihrem Willen zum Exzess. Das wirkte immer etwas fahrig, dabei mal schmerzhaft manieriert, mal schmerzhaft authentisch. Jetzt ist Roehler einen großen Schritt weitergegangen und sich doch treu geblieben. »Die Unberührbare« spielt im Leben nach dem Rausch. Der Regisseur ist konzentrierter denn je, verleugnet allerdings nie seine Sympathie für das Suchtwesen, das er vor sich hat. Gleich nach der Ankunft in Berlin besucht Hanna Flanders ihren Sohn (der jüngere Roehler wird, linkisch-nervös, von Lars Rudolph dargestellt). Wie immer raucht sie Kette. Diesmal gibt es Ärger, ihr Sohn herrscht sie an. Denn »seit dem Mauerfall« hat er das Rauchen aufgehört; der Selbstdisziplinierung soll sich nun auch die Mutter unterwerfen. Im Zerrbild des zur Aggressivität gecleanten Sohnes zeigt der Regisseur, wie nah er sich Flanders' Leiden fühlt - auch wenn er diese Leiden im Fortgang ohne Gnade beobachten wird.

Die Schonungslosigkeit wiederum ermöglicht noch etwas anderes: Unter Roehlers Regie spielt Hannelore Elsner (mit Gisela Elsner weder verwandt noch verschwägert) die Rolle ihres Lebens. Ihr Gesicht spiegelt beständig den inneren Widerstreit zwischen Selbstaufgabe und Selbstbeherrschung, ihre Stimme tänzelt schneidend über dem Nichts, messerscharf und zerbrechlich zugleich. Jede schroffe Geste ist von Haltlosigkeit umrahmt, in jedem Zusammenbruch flackert noch ein Überlebenswille. Wie schade, dass Hannelore Elsner nach dieser herausragenden Leistung wieder gezwungen sein wird, zurückzuschrumpfen auf Fernsehformat.

Nicht verwandt, aber wie verwandelt: Hannelore Elsner als Gisela Elsner.

Peter Körte
Alles über meine Mutter

Frankfurter Rundschau, 19. 4. 2000

Die Generationen kommen und verschwinden wie die Eissorte des Jahres, und wer nach der Golf-, X-, nach der 78er-, 89er- oder 68er-Generation noch ernstlich auseinander halten kann, wer sich wann wodurch wogegen welches Label verpasste, der gehört vermutlich zur Generation Doppelnull. Um Bücher zu schreiben oder Filme zu drehen, die ein Lebensgefühl oder eine spezifische Haltung zur Welt auf den Punkt bringen, braucht man kein Etikett. Man kann auch ganz einfach anfangen, von den eigenen Eltern zu erzählen.

Es kommt schon vor, dass ein Sohn einen Spielfilm über seine Mutter dreht, schon seltener, dass er diesen Film seinem Vater widmet. Im Falle von Oskar Roehler ist es noch ein wenig komplizierter. Seine Mutter, die Schriftstellerin Gisela Elsner, beging 1992 Selbstmord, sein Vater, Klaus Roehler, starb in diesem Februar.

Die Unberührbare ist Oskar Roehlers vierter Film. Bisher streiften seine Filme durchs Berliner Szene-Leben, und was ihnen an handwerklicher Perfektion fehlte, das machten sie durch Wildheit, Mut zum Risiko und zum Abseitigen mühelos wett. *Die Unberührbare* ist eine ganz andere Exkursion. Man kann ihn auch als eine verwandelte Form der Psychotherapie sehen, und weil das so offen zutage liegt, kann es sich Roehler auch leisten zu sagen, er wolle damit kein Mutter-Trauma bewältigen.

Der Film folgt Stationen aus Gisela Elsners letzten Lebenstagen, er komprimiert Erlebnisse, er erfindet Figuren wie Situationen. Er nennt die Titelfigur Hanna Flanders, der Vater heißt Bruno (Vadim Glowna), der Verleger sieht nicht gerade aus wie Michael Naumann, und der Sohn nennt sich, was immer Roehler sich dabei gedacht hat: Viktor. Es geht bergab: Am Rande des Suizids beginnt der Film, und er balanciert die ganze Zeit an diesem Abgrund entlang.

Ein alter Fassbinder-Titel will einem dabei nicht aus dem Kopf: *Despair – eine Reise ins Licht*. Am Ende der Verzweiflung hockt sie sich auf die Fensterbank in der Klinik und lässt sich ins gleißend helle Weiß fallen. Dass eine Alternative dazu sichtbar geworden wäre, kann man nicht behaupten. Man muss es aushalten.

Gisela Elsner, die man die »schreibende Kleopatra« nannte wegen der Perücke, die sie trug, war ein früher Medienstar, als die Maschinerie noch auf kleiner Flamme lief, und eine Autorin, die der DKP beitrat, die im Osten erfolgreicher war als im Westen, deren Lebenslügen zusammenfielen mit der und wie die Mauer.

Mit ihrem ersten Roman *Die Riesenzwerge* hatte sie 1964 einen Erfolg, den sie nie mehr wiederholen konnte. Ihre Prosa wurde abweisender, gedrechselter und darin zugleich plakativer, wenn sie in der Form von Groteske oder Satire die Physiognomie des bundesrepublikanischen Bürgertums beschrieb. Dass sie Designermode liebte und den Konsumterror geißelte, gehört dazu. Um die »Entlarvung der Salon-Linken« geht es nicht. Es geht um die Chronik eines Realitätsverlusts. Wie sie spricht, die Textbausteine, die Politphrasen, das ist keine Parodie; wer die Aufgüsse noch erlebt hat, weiß, dass es genau so klang, und wer sich an die Diktion von *UZ* oder *Rote Blätter* erinnert, der schaudert weniger vorm Schematismus, als dass er erschrickt, wie simpel die Welt erscheinen konnte. Simpel bis zum Weltverlust.

Der Zerfall der Person und des Weltbildes der Hanna Flanders ist ein synchroner Prozess, und in Roehlers Film muss nie der eine den anderen erklären. Das Unheimliche daran ist, wie beides ineinander greift. Und gerade weil der Stoff so persönlich ist, gewinnt er zugleich einen anderen Horizont: Verabschiedung, Trauerarbeit, Bilanz, Blick zurück ohne Zorn. In *Die Unberührbare* steckt eine nüchterne, aber nie teilnahmslose Haltung, mit der unsere Generation, die Kinder der späten Fifties, nicht nur auf ihre Eltern blickt, sondern vor allem auch auf die Generation der 68er, auf den selbstgerechten Antifaschismus und den dogmatischen Furor.

Es ist eine Neugier, die sich auf Personen richtet, nicht auf Repräsentanten, die verstehen will, ohne vor Verständnis zu zerfließen, die sich eine Distanz erhält, weil es nicht um richtig oder falsch geht, und die damit zugleich jenen rigiden Tribunalcharakter hinter sich lässt, mit der die 68er die Verstrickungen wie die Indifferenz der eigenen Elterngeneration verdammten. Der Film zeigt die Paralyse, das ideologische Treibhaus, in dem mancher überwinterte, auch wenn das Klima draußen sich geändert hatte, und er zeigt den Schock, auf eine neue Realität zu treffen, den andere wendiger als Gisela Elsner weggesteckt haben.

Die Unberührbare erzählt so auch von einem Symptombündel, das Michael Rutschky erstmals in den 70er Jahren aufgespürt hat: dem Wunsch, das eigene Leben, den Alltag nach den Allgemeinbegriffen der Theorie einzurichten, die Lebenswelt auf Begriffe zu bringen und danach zu leben – doch danach ließ sich nur verzweifeln, erst recht, wenn diese »Negativutopie« (Rutschky) anachronistisch geworden war und jede neue Erfahrung ihre völlige Porosität verriet.

All das liegt nicht bloß in den Dialogen und Handlungen, es findet sich auch in der Form. Der Film ist in Schwarzweiß gedreht, das ganz von selbst den Ton des Imperfekts anschlägt. In Farbe wäre der Film kaum vorstellbar. Die Zeit ist vorbei, man kann sie nur noch besichtigen. Manchmal wird es dabei ein wenig zu gleichnishaft, wenn sie übers freie Feld im Morgengrauen geht, und alle kommen ihr entgegen. Dann gleitet der Film fast unmerklich ins Surreale, im Berliner Hotel, in der Entzugsklinik, doch selbst dort verharrt er noch in der Perspektive eines Beobachters, der sich eingeschlichen hat.

Auch wo er ganz nah herangeht, bleibt die Distanz. Der Close-up auf die Selbstmordgefährdete am Anfang weicht dem Blick von außen in die Wohnung, und immer wieder sieht man sie durch Fenster, einsam, hinter Glas, von der Welt wie durch ein *Berührungsverbot* abgetrennt (wie einer der Romane der Elsner heißt).
Man sieht die Demütigungen, die die alternde, attraktive Frau erleidet, ihre Apathie, ihre Tabletten- und Nikotin-Sucht, die Einsamkeit, in der sie langsam erstarrte in ihrer Münchner Wohnung, die Panik, die Hysterie. »Umnachtung« sollte der Film ursprünglich heißen.
Ohne die Hauptdarstellerin wären das jedoch nur Thesen. Ein Zufall, dass sie Elsner heißt, Hannelore Elsner, die die Rolle ihres Lebens spielt, in die Figur hineinschlüpft und ihr gespenstisch ähnelt, wenn sie die Kleopatra-Perücke trägt. Wenn sie allein auf dem Sofa liegt in der feuchten, elenden Wohnung am Rande Berlins, wohin es sie verschlagen hat, bewegt sich die Kamera empor an ihrem Körper, ganz langsam, und als sie ihr ins Gesicht blickt, während sie versucht, Schlaf zu finden, da spiegelt sich auf einmal im Gesicht der Elsner eine Angst und Hilflosigkeit wie in der Mimik einer 20-Jährigen, als wäre sie nie erwachsen geworden. Und wo Hanna Flanders sich der Lächerlichkeit preisgibt, da erhält Hannelore Elsner ihr eine Würde, da schimmern die bröckelnde intellektuelle Arroganz und die Verzweiflung, die Angst vorm Leben so unübersehbar durch, dass man die Figur vielleicht nicht mögen, aber ihren Schmerz respektieren muss.
So kann man zugleich die Tragik sehen und über die Verbohrtheit den Kopf schütteln, die sie ihre Lebenslügen wie ihre Sucht lieben lässt, auch wenn sie sie umbringen. Ein Blick, wie Oskar Roehler ihn auf diese Zeit wirft, wäre früher kaum möglich gewesen – für ihn nicht und für unsere Generation nicht.
Der Mauerfall erscheint hier als Ende von etwas; ein Anfang ist er für andere.

Wenn Oskar Roehler auch nicht alles über seine Mutter erzählt, so weitet sich das Private doch beiläufig zur Panoramaansicht einer Generation. Im deutschen Kino, das sich in seiner Aufarbeitungs- und Themenfixierung so lange Jahre selbst gelähmt hat, ist diese Haltung eine Rarität. Im Ausland hat man das schneller begriffen: Nachdem die Berlinale den Film nicht wollte, läuft *Die Unberührbare* nun in Cannes, und drei Nominierungen für den Bundesfilmpreis hat er zu guter Letzt nun auch bekommen.

Hubert Spiegel
Königin Lear auf der Heide

F.A.Z., 20./21. 4. 2000

Daß die Schriftstellerin Gisela Elsner am 13. Mai 1992 aus dem Fenster eines Münchner Hospitals in den Tod sprang, ist heute vergessen. Schon damals, als die Nachrufe erschienen, war ihr Name vielen Lesern kein Begriff mehr. An den fulminanten Erfolg ihres Debüts »Riesenzwerge«, 1964 mit der zeittypischen Genrebezeichnung »Ein Beitrag« erschienen, hatte sie nie wieder anknüpfen können. Ihre wütende Kritik am deutschen Klein- und Spießbürgertum wurde immer manirierter, ihre hochfahrenden Attacken gegen die bundesrepublikanische Gesellschaft liefen zunehmend ins Leere. Ihr letzter Roman »Fliegeralarm« wurde 1989 von der Kritik mit Verve verrissen: Man war der Halsstarrigkeit überdrüssig, mit der diese Autorin an ihrer Sicht der Dinge festhielt. Die Kritik hatte Gisela Elsners Bücher satt, und ihre Argumente klingen heute nicht weniger überzeugend als damals. Dennoch liest man diese Rezensionen anders, wenn man »Die Unberührbare« gesehen hat.

Oskar Roehlers Film über die letzten Tage im Leben seiner Mutter Gisela Elsner, die im Film den Namen Hanna Flanders trägt, hatte nichts weniger im Sinn als die Rehabilitierung einer zu Unrecht geschmähten Autorin. Dieser Film will nichts korrigieren oder zurechtrücken. Was er fordert, ist nicht Gerechtigkeit, sondern etwas, das sich nicht einklagen läßt. »Die Unberührbare« ist eine anrührende, ebenso zarte wie unbedingte Liebeserklärung, wie sie das deutsche Kino seit einer kleinen Ewigkeit nicht mehr hervorgebracht hat, ein irritierendes, seltsam fremdes Kinoereignis, das wie aus der Zeit gefallen scheint. Nichts an diesem Film ist zeitgemäß: nicht sein Gegenstand, die Reise einer gescheiterten, tabletten- und nikotinabhängigen Schriftstellerin in den Tod; nicht seine Ästhetik, die Erinnerungen an die große Zeit des deutschen Autorenfilms heraufbeschwört, ohne darüber epigonal zu werden; nicht die Schwarzweißbilder mit ihren ruhigen, ganz den Schauspielern zugewandten Einstellungen; und auch nicht die Art und Weise, wie dieser Film sich seiner Hauptfigur zuwendet: nicht allein vertrauens-, sondern hingebungsvoll. Alles an diesem Film ist unzeitgemäß und alles an ihm ist zwingend. »Die Unberührbare« ist nicht nur die späte Liebeserklärung eines Sohnes an seine Mutter, die ihn verließ, als er noch ein Kleinkind war, sondern vor allem die einer Schauspielerin an die Figur, die sie verkörpert: Hannelore Elsner spielt die Schriftstellerin Hanna Flanders, die Gisela Elsner bis ins letzte Detail der schwarzgetuschten Augenwimpern nachempfunden ist, mit einer Intensität und Hingabe, als wäre die Reise der Hanna Flanders in den Tod die Rolle ihres Lebens. »Die Unberührbare« ist Hannelore Elsners Film und ihr Triumph.

Die ersten Einstellungen zeigen die Schriftstellerin in ihrer Münchner Wohnung am Telefon. Im Fernsehen laufen Bilder von der Maueröffnung. Mit dem Zusammenbruch der DDR bricht für Hanna Flanders, wie für viele Intellektuelle ihrer Generation, jene Illusion zusammen, die sie für ihr Weltbild hielt. Schon jetzt spricht sie, den Telefonhörer zwischen Wange und Schulter eingeklemmt, vom Selbstmord, mit dem der Film enden wird. In jeder Hand hält sie eine Zigarette. Am Ende, im Hospital, in das sie nach einem Zusammenbruch auf offener Straße eingeliefert wird, wird der Arzt von Entzug sprechen, von Tablettenmißbrauch, das Wort Raucherbein fällt, von einer womöglich unumgänglichen Amputation ist die Rede. Zwischen diesen Bildern lagen im Leben Gisela Elsners drei Jahre, in denen ihr der Verlag den Laufpaß gab, das Geld immer knapper, die Einsamkeit immer nagender wurde. Roehlers Film drängt diese Jahre in einem Stationendrama zusammen, das sich innerhalb weniger Tage abspielt.

Der Maueröffnung folgt der Entschluß, zu ihrem ehemaligen Liebhaber nach Ost-Berlin zu ziehen, ihrem DDR-Verleger, der längst mit einer anderen Frau zusammenlebt und weder privat noch geschäftlich an seinem früheren Star aus dem Westen interessiert ist. Als das letzte Geld für das Hotelzimmer und einen Verehrer, der sich als käuflicher Liebhaber entpuppt, ausgegeben ist, bringt sie eine Lektorin ihres Ost-Verlags in einer Verlagswohnung unter, weit draußen im Osten Berlins, in einer Plattenbausiedlung. Hier, wo in einer Kneipe die Wiedervereinigung gefeiert wird, wirkt die Schriftstellerin so deplaziert wie ein Goldfisch im Heringsschwarm. Es kommt zu einer unangenehmen Begegnung mit einem Lehrer, der erst auf ein Abenteuer und dann auf die auch handgreifliche Abrechnung mit dem großbürgerlichen Luxusgeschöpf aus ist.
Wie Oskar Roehler danach im Morgengrauen Hannelore Elsner durch das menschenleere Niemandsland zwischen den Plattenbauten schickt, das gehört zu den stärksten Bildern des Films: Die schwarze Perücke, Zier und Schutzhelm zugleich, zerzaust, die schwarze, überdick aufgetragene Schminke zerlaufen, im wehenden Mantel von Dior, irrt Hanna Flanders ziellos durch das Nichts, eine Königin Lear auf Ost-Berliner Heide, die alles verloren hat, nichts mehr kennt und keine andere Erinnerung bewahrt an ihren einstigen Stolz.
An einer Imbißbude wird sie von einer jungen Frau angesprochen, die sie mit zu ihrer Familie nimmt. Roehler läßt die Schriftstellerin auf Menschlichkeit und Anteilnahme ausgerechnet dort treffen, wo sie bisher stets das Unmenschliche, Monströse sehen wollte: in jener miefigen Kleinbürgerlichkeit, die sie in ihrem ersten Buch »Riesenzwerge« mit beißendem Spott dargestellt hatte. Damals war die Schriftstellerin eine junge, schöne und extravagante Autorin aus großbürgerlichen Verhältnissen. Ihr Erfolg und ihre Schönheit stellen sie neben die Bachmann, mit der sie bei allen Unterschieden auch manches verband. Ihr mondänes Auftreten kontrastierte auf kuriose Weise

mit der Schäbigkeit des Milieus, das sie in ihren Büchern beschrieb. Auch hier, in der Spießeridylle im Plattenbau, kann sie nicht bleiben, nach einer kurzen Ruhepause bricht sie wieder auf.

Nun trennen Hanna Flanders noch zwei Stationen vom Tod im Krankenhaus: ein letzter Besuch bei den Eltern, die den Hilferuf nicht hören wollen, und ein zufälliges Wiedersehen mit ihrem ehemaligen Mann, das zu einer wunderbar zarten Liebesszene führt, in der Hannelore Elsner und Vadim Glowna das witzigste verzweifelte, sich scheu-vertraut verfehlende Paar geben, das sich denken läßt.

Es ist ein kleines Wunder, wie es Hannelore Elsner gelingt, der hochfahrenden, naiv-trotzigen Schriftstellerin, die sich mit weit ausholenden exaltierten Drehungen immer tiefer in ihr Unglück hineinschraubt, jene Offenheit und Verletzlichkeit zu belassen, die dafür sorgt, daß den Zuschauer das Schicksal Hanna Flanders nicht nur interessiert, sondern zu berühren vermag. Im Gespräch sagt die Schauspielerin, daß sie vor dem Film von der Autorin nicht mehr kannte als den Namen und deren erstes, vor Jahrzehnten einmal gelesenes Buch. Die Namensgleichheit ist reiner Zufall, aber manches spricht dafür, daß der Schulbesuch in einem Institut der Englischen Fräulein nicht das einzige ist, was die Schauspielerin mit der Schriftstellerin verbindet. Immer wieder kommt Hannelore Elsner im Gespräch auf die Schwierigkeit zurück, sich jene Eigenschaften zu bewahren, die einem wichtig sind, den Umständen zum Trotz.

Die Entscheidung, diesen Film zu drehen, fiel mit einer einzigen Einstellung aus einem anderen Film, einem kleinen Fernsehporträt der jungen Schriftstellerin Gisela Elsner, die gerade ihren ersten Roman veröffentlicht hatte. »Als ich sah«, sagt Hannelore Elsner, »wie sie in diesem Film die Treppe einer Londoner U-Bahn-Station hochläuft und in die Kamera sieht, als ich diesen Blick sah, da wußte ich: Die will ich zeigen, die will ich bewahren. Das will ich zeigen, was aus jemandem wird, der so ist, so ohne Rüstung, der sich so allem stellt, was mit ihm geschieht, und sich immer unverstellt zu erkennen gibt. Ich glaube, ich wollte einfach zeigen, was aus jemandem werden kann, der nicht geschützt ist und sich nicht zu schützen weiß.«

Hans Schifferle
Eine Sphinx in Deutschland

Porträt einer Verlorenen:
Oskar Roehlers bedeutender Film »Die Unberührbare«
Süddeutsche Zeitung, 20./21. 4. 2000

Eine schicke Wohnung, die wie ein Container wirkt. Eine Frau darin, die nicht mehr jung ist und den Zenit ihrer Karriere als Schriftstellerin überschritten hat. Sie raucht viel, nimmt Tabletten und trägt dick Make-up auf. Eine große schwarze Perücke, die ihre Jugendlichkeit bewahren soll, gibt ihr das groteskschöne Aussehen einer Sphinx. Eine letzte Rebellin, eine Verzweifelte im deutschen Herbst von 1989, den kalten Tagen des Mauerfalls. Hanna Flanders heißt die Frau, die nicht mehr im Einklang mit der Zeit lebt. Verhasst sind ihr die Einheitsmenschen, die keine Ideale mehr kennen, sondern sich nur nach Bananen sehnen. Eine Reise tritt sie an durch Deutschland, von München nach Berlin und zurück mit einigen Abstechern. Wie ein Irrlicht streift sie durch ein dunkles Land in Euphorie. Ein Trip, der ans Ende der Nacht führen wird.
»Die Unberührbare«, Oskar Roehlers dritter Spielfilm, ist ein Road Movie, das Psychogramm einer Verlorenen, in dem sich Geschichte widerspiegelt, ein deutscher film noir, gedreht in stilisiertem Schwarzweiß. Nach zwei viel versprechenden Werken, dem Liebesdrama »Sylvester Countdown« und dem melodramatischen Berlin-Nocturne »Gierig«, hat Roehler einen subtilen und disziplinierten Film geschaffen voll heimlicher Exzessivität und Melancholie, mit dem er endgültig zur großen Hoffnung des deutschen Kinos geworden ist. Er hat auch den schweren Sprung geschafft von eher geschlossenen Filmen über junge Szene-Leute zu einem diffizilen Film über unterschiedliche Generationen. Eine coole Vivisektion der Gefühle ver-

mischt sich darin mit einer schmerzlichen romanhaften Stimmung. »Die Unberührbare« ist gnadenlos und romantisch zugleich. Keine Figur und keine Generation kommt gut weg, und doch wird keine verraten. Das hat man selten gesehen in einem deutschen Film.

Alles über meine Mutter: Natürlich kommt einem der Almodóvar-Titel in den Sinn bei Roehlers Film. Die Story der Hanna Flanders basiert nämlich auf dem Leben von Roehlers Mutter, der renommierten Schriftstellerin Gisela Elsner, die in den Sechzigern bekannt wurde mit dem Roman »Riesenzwerge«. Die Tochter eines Industriemanagers und engagierte Linke, die einmal verheiratet war mit dem Autor und Lektor Klaus Roehler, soll zeitlebens an einer Zerrissenheit zwischen der Realität großbürgerlicher Sicherheit und dem Traum von radikaler, persönlicher Freiheit gelitten haben. Ihre Utopien sah sie in der DDR, wo sie in den Achtzigern populärer war als im Westen, weitgehend verwirklicht. Die Öffnung der Mauer schien ihr alle Hoffnung zu rauben. Sicherlich setzt Roehler seiner geheimnisvollen Mutter und ihrer tragischen Geschichte auch ein Denkmal, er lädt ein, ihre Romane wieder zu lesen. Aber »Die Unberührbare« ist noch viel mehr: ein lakonisches Melodram über letzte Tage. »Mir ging es um einen Menschen in einer Zeit des Umbruchs – so wie Lenz in der Novelle von Georg Büchner«, sagt Roehler. »Hier ist es auch ein Dichter, der auf seiner Suche nach neuen Ufern scheitert.« Vielleicht sind alle Roehler-Filme bis jetzt Nachtstücke über letzte Zuckungen.

Countdown eines Lebens: Wie Maurice Ronet in Louis Malles »Le Feu follet« hat Hanna Flanders mit ihrem Leben scheinbar schon abgeschlossen, sucht aber dennoch Hoffnungsschimmer in bewussten und zufälligen Begegnungen mit Menschen, die ihr etwas bedeutet haben oder bedeuten könnten. Doch all die Begegnungen verstärken nur ihre Depression, lassen sie noch erschöpfter zurück. Ein Reigen vertaner Chancen, ein Tanz der Unmöglichkeiten nimmt seinen Lauf: Da ist der Verleger und

Lover in der DDR, der kein Interesse mehr an ihr hat in den neuen Zeiten. Da sind ein exotischer Hotel-Gigolo, der ihr keine Erlösung verschaffen kann, und eine sympathisch-fremde DDR-Arbeiterfamilie, bei der sie sich nicht heimisch fühlen kann. Da sind die Eltern, die nachtragende Mutter und der schwache Vater. Und da ist schließlich noch der Ex-Ehemann, den Vadim Glowna schonungslos spielt als einen ausgebrannten, von Selbstekel zerfressenen Intellektuellen, der die letzten Reste von Sehnsucht festklammern will.
Am Ende lehnt sich Hanna Flanders gegen die Zeit selbst auf. Für einen Moment, für einen Herzschlag, scheinen die Uhren stehen zu bleiben. Zweifellos, sie ist ein weiblicher Don Quichotte, durch Zeiten und Räume treibend. Hannelore Elsner, die hier ein großes Kino-Comeback feiert, stellt die Hanna Flanders wunderbar dar: sie spielt das Enervierende der Figur genauso wie das Zärtliche, sie deutet die arroganten Seiten an genauso wie die menschlichen und verletzlichen.
Es gibt Bilder in »Die Unberührbare«, die man nicht mehr vergessen wird. Eindrücke von einer Aus-Zeit zwischen Traum und Wirklichkeit haben Roehler und der exzellente Kameramann Hagen Bogdanski gestaltet. Wenn Hannelore Elsner als Hanna Flanders durch ein Wasteland streift irgendwo in der DDR mit der bizarren Perücke auf dem Kopf, gehüllt in einen teuren Designer-Mantel, der ein schwarzes Blumenmuster hat auf weißem Grund, dann entsteht eine Atmosphäre verzauberter Tristesse, die einen mitten ins Herz treffen kann. Germany revisited: Roehlers wichtiger und schöner Film steht in der Tradition eines großen, vergessenen deutschen Films, Peter Lorres düsterem Zeitenspiel »Der Verlorene«, in dem es auch um einen Blick zurück ging in nackter Traurigkeit.

Elke Schmitter
Zwischen Dior und DDR

Oskar Roehlers Melodram »Die Unberührbare« schildert die letzten Tage seiner Mutter, der Schriftstellerin Gisela Elsner. Sein Film ist die Würdigung einer linken Exzentrikerin
taz – die tageszeitung, 20./21. 4. 2000

Eine Wiederauferstehung beschäftigt in diesen Tagen die Medienrepublik: die Schriftstellerin Gisela Elsner, verstorben im Jahr 1992 und vergessen schon lange zuvor, erlebt auf der Leinwand noch einmal ihre letzten Lebenstage, so wie der Regisseur es will. Es ist der Sohn der Autorin, der sich eine Handlung ausgedacht hat, die Motive ihres Lebens aufreiht und verdichtet – in einem Film, der eine andere Wahrheit als die dokumentarische sucht. Er ist auf etwas Eigentliches aus, in einem offensiv anderen Sinne als Gisela Elsner: Er leistet sich den Luxus der Privatheit und des Einzigartigen.

Über Gisela Elsner ist viel geschrieben worden, als sie am Anfang einer Karriere stand, die alles zu versprechen schien: Sie war begabt und klug, sie war exzentrisch und attraktiv, sie kam aus der Bourgeoisie, und sie war eine radikale Linke. Was hätte man sich mehr wünschen können, in jenen 60er Jahren, da ihr erster Roman, »Die Riesenzwerge«, erschien und sie gleich, von Enzensberger gefördert, an die Spitze geriet, der Wahrnehmung und des Wohlwollens, der literarischen Achtung und der sentimentalen Schwärmerei? Elsner bekam den Prix Formentor, den man heute nicht mehr kennt, der aber damals so hoch dotiert war, dass es für ein Eigenheim gereicht hätte. Aber ein Eigenheim war wohl das Letzte, was Gisela Elsner wollte.

Sie wollte, so legt ihr Lebenslauf nahe, schreiben und leben: Sie ging nach London und Paris, wohnte zwischenzeitlich in Hamburg, nahm an den Tagungen der Gruppe 47 teil und wurde

Mitglied des PEN, der sich damals noch als ein ganz wilder Haufen verstand. Als Sympathisantin der DKP erlaubte sie sich, der allgemeinen Euphorie für »mehr Demokratie« à la SPD zu widersprechen; zwischen Willy Brandt und Ludwig Erhard sah sie keine Alternative: »Den Unterschied zwischen gleich und gleich herauszuarbeiten, nenne ich: Billardkugeln einwecken.« Ihre Prosa war anstrengend und auch nicht ohne Anstrengung geschrieben: Da waltete ein strenger Wille zur Vivisektion, von keinem Mitgefühl für ihre Geschöpfe getrübt.
»Die Riesenzwerge«, ihr bleibender, größter Erfolg, in 14 Sprachen übersetzt, ist trocken wie ein Kursbuch und arbeitet mit Mitteln der Groteske; die Stimmung ist düster und das Verhängnis unentrinnbar.
Bittere Komik wurde ihr bescheinigt sowie eine Nähe zu Kafka, parabolische Qualitäten und eine virtuose Handhabung bestimmter Techniken des Nouveau Roman wie Wiederholung und Spiegelung, kurz: eine programmatische Prosa auf hohem Niveau. Zweifellos beherrschte sie hervorragend, wonach die intellektuelle Elite damals verlangte: Entschleierung der Ideologie des allzeit zufriedenen Bürgertums, Entlarvung des Banalen als das eigentlich Monströse, Negation der Psychologie (eine bourgeoise Erfindung) zugunsten einer Art literarischer Soziologie mit typisierten Figuren ohne Biografie, mit karikierenden Namen (wie Dittchen, Stößel, Keitel, Stief) und Abläufen rein äußerlicher, vorhersehbarer Dramatik. In ihren Sujets war sie weit einfallsreicher als ihre Kollegen vom Klassenkampfseminar: Emanzipierte neurotische Frauen (»Die Zähmung«) bekommen ebenso ihr Fett weg wie moderne Unternehmer, die vom humanen Kapitalismus faseln (»Der Punktsieg«), progressive Dichter und linke Architekten schont sie nicht, ebenso wenig wie jene Mittelstandsvertreter, die einzig von der sexuellen Revolution zu profitieren wünschen (»Berührungsverbot«) und dabei, wie aus Versehen, ihre Ehen ruinieren, das heißt: deren Ruinen sichtbar machen.
Man sieht: Da war nicht viel zu machen. Ihr Trotz war kalt,

radikallinker Aspik. Jenseits der zärtlichen Innenaufnahmen des Bürgertums, wie Martin Walser sie gab, und existenziell weit entfernt von Selbsterfahrungsliteratur wie »Häutungen«, »Wie kommt das Salz ins Meer«, »Die Mutter«.

Anfang der Siebziger noch ganz auf der Höhe des kritischen Zeitgeistes, aber schon mit dem Verdacht belegt, ihren literarischen Erfolg vor allem durch Libertinage & Schönheit begründet zu haben, geriet Gisela Elsner durch ihre Themenwahl, mehr noch aber durch ihr dekonstruktivistisches ästhetisches Programm in jenes »Abseits«, dem sie einen Roman widmete (der an ihre Schwester erinnert): der Niedergang einer tablettensüchtigen Frau, isoliert in ihrer kleinbürgerlichen Existenz, durch eine Affäre in die Scheidung getrieben, und dann nimmt sie Zyankali ... Das Spiel mit Motiven aus »Madame Bovary« führte zu wütenden, nachgerade erbitterten Verrissen.

Mit der Nachsicht der Heutigen liest sich mancher Roman, der damals zum jeweils neuen endgültigen Niedergang der Schriftstellerin herbeizitiert wurde, keineswegs schlechter als einiges von Ludwig Fels und anderen links engagierten Autoren, in seiner selbstbewussten stilistischen Verbohrtheit nicht weniger reizvoll oder reizlos als vieles von Elfriede Jelinek. Aber sie war passé: Rowohlt verlegte sie nicht mehr. Ende der 80er Jahre erschienen noch Essays von ihr beim Zsolnay Verlag in Wien: Erwägungen zu Kleist und Kafka, zu »Penthouse« und der Trivialautorin Marie-Luise Fischer, aber auch eine Rezension der Regierungserklärungen aller Kanzler der Bundesrepublik – Aufsätze, in denen eine meisterliche Unerbittlichkeit und eine leuchtende intellektuelle Klugheit sich irritierend abwechseln mit retardierenden, mühsam wirkenden Sätzen, die eher Gesten als Gedanken sind. Verdichtung und Abdichtung scheinen gleichermaßen am Werk: Da will eine hier nicht zu Hause sein, und der letzte Genuss der Existenz, soweit es das Bewusstsein betrifft, ist die fortwährende Entlarvung des Hier & Jetzt, in eben jenen Strukturen, die wir alle kennen, aber immer nur beim anderen identifizieren: die da, die da ... Der DDR, deren Wirklichkeit in ihren Essays nicht auftaucht, soll sie ihre höchste, fiktive Treue gehalten haben.

Und mit dem Treubruch der DDR beginnt Oskar Roehlers Film: Hannelore Elsner sitzt vor dem Fernseher, in dem die Bilder vom 9. November nimmermüde sich wiederholen. Männer, die Männern die Hand reichen, um die Mauer zu erklimmen und zu überwinden; Trabis, die im Schritttempo nach Westberlin einfahren; begeisterte Gesichter. Eine historische Feier, bei der die Linke Gisela Elsner den allerschlimmsten Verdacht hat, aus der allergrößten Verachtung genährt: Die kommen ja nur, um sich »Westtampons in ihre Fotzen zu stecken«, sie wollen Sekt trinken und Jeans kaufen, und dabei faseln sie von Freiheit. Die Antriebskraft ihres Schreibens, der systemische Verdacht bestätigt sich auf das Schrecklichste: denn auch hier waltet im Größten nur das Niedrigste, und die Verführung der Rhetorik, die zu entlarven ihr Lebenswerk war, hat endgültig gesiegt.

Aber das sagt sie nicht mehr. Sie ruft nur einen Freund an, die Zigarette in der Linken, den Hörer in der Rechten, das Glas vor sich auf dem Tisch, und sagt: Ich bringe mich jetzt um.

»Ist das Zyankali noch gut?« will der Freund am Ende der Leitung wissen. Mit dieser Frage ist der Ton des Films bestimmt: denn er fragt nicht zynisch, sondern teilnehmend; nüchtern, aber nicht ohne Mitgefühl. Es wird nicht das erste Mal gewesen sein, dass sie davon spricht, und das Antlitz der einfach grandiosen Hannelore Elsner, ihr schwankender Gang durch eine noch immer anspruchsvolle Wohnung (Glastisch und Ledercouch, was man damals so hatte, wenn man auf sich hielt, aber ein Lenin hängt an der weißen Wand), ihre nervösen Hände, das strohige Haar legen Zeugnis ab von einer jahrelangen Verrichtung gegen sich selbst und die Wirklichkeit: So spricht und geht nur eine, die längst schon nicht mehr weiterweiß, die nur noch zu sich selbst kommen kann im Rausch und in der Demütigung

des Erwachens, in diesem Kreislauf von Erniedrigung und Euphorie, der unerreichbar einsam macht.
Sie nimmt das Zyankali erst mal nicht; sie raucht noch eine mit dem Freund am Telefon. Sie macht sich noch einmal auf: lässt ihre Sachen packen, kauft einen Mantel von Dior, löst ihre Wohnung auf und fährt nach Berlin. Dort wartet eine alte Liebe, wie sie hofft, der Cheflektor von »Volk & Welt«, für den setzt sie ihre Perücke auf, steigt im »Excelsior« ab wie in den verblichenen, besseren Zeiten und geht als Dame rüber: eine groteske Erscheinung wie aus einem ihrer Romane; erstarrt und unglücklich, verpanzert und sinnlos klug – und unendlich rührend; eine Verletzung, auch des Gewöhnlichen. Sie irrt durch diese aufgebrochene Stadt, durch die besoffene Euphorie jener, die ihre fiktiven Genossen waren und die jetzt zu Karstadt wollen, weil sie Dior nicht einmal kennen. Sie ist beleidigt, gekränkt und verwirrt, aber sie hält sich tapfer, und sie ist freundlich, so lange sie kann: Das dauert nicht lange. Auf ihrer Reise zurück nach München, in die abgelebte Heimat, steigt sie bei ihren Eltern ab, bettelt vergeblich um Hilfe, begegnet ihrem geschiedenen Mann, fährt mit ihm nach Darmstadt, flieht auch von dort, kommt schließlich am Odeonsplatz zu Fall, betrunken, kraftlos, mit der unbewussten Entschlossenheit derer, die sich noch einmal helfen lassen wollen.
Aber ihr war auf Erden nicht mehr zu helfen, würde sie vielleicht selber Kleist zitieren: nicht mehr von Ärzten und Schwestern, nicht mehr von Gesunden, die in einen Kampf gegen sich selbst, der vermutlich ein Leben lang gedauert hat, nicht wirksam eingreifen, geschweige denn: ihn gewinnen können. Am 13. 5. 1992 stürzte sich Gisela Elsner aus dem Fenster eines Münchner Krankenhauses.
Was soll man sagen? Der Film ist brillant, in einem seltenen Sinne: nicht auf Kosten, sondern zugunsten seines Themas und seiner Personen. Er entlarvt nicht, sondern er zeigt; er schreibt mit und deutet zugleich; er arbeitet sehr souverän und zugleich

entspannt mit verschiedenen Mitteln: dem Expressionismus seiner klar kontrastierten Schwarzweißfotografie, der Kargheit der Dokumentation, der dramaturgischen Klugheit des Spielfilms, der Psychologie der Anteilnahme. In diesem Sinne nimmt er auf, was Gisela Elsner verwarf: Sein Programm, wenn man es denn so nennen kann, ist eine poetische Wahrhaftigkeit, ohne den Kitsch, den sie gefürchtet hat. Es ist ein Film, der seine Protagonistin liebt und ihr deshalb wahrscheinlich sehr nahe kommt.

»Die Unberührbare« kommt ohne Erklärungen aus. Man kann sie anschließend suchen, als Leser, und einige wird man wohl finden. Aber die Autonomie des Filmes berührt das nicht. Und trotzdem wäre es nicht falsch, danach noch einmal in ihren Romanen zu lesen und ihren Essays. Es schmälert manche Texte nicht, wenn man ihren Subtext zu kennen meint: Man denkt an Gisela Elsner auch als Objekt ihrer Eltern in diesem Film, wenn man Sätze wie diesen liest: »Was unsere übrigen Bundeskanzler in ihren Regierungserklärungen eilfertig zu kaschieren trachteten, offenbarte die auf einem Poster festgehaltene Verbeugung des Bundeskanzlers Helmut Kohl vor dem US-Präsidenten. Sie enthüllte die Lage des Staates, dessen höchste Repräsentanten den Vereinigten Staaten Dank dafür schulden zu müssen meinen, dass er von seinem engsten Verbündeten, der sich mehr als ein Todfeind entpuppt, dazu auserkoren ward, die Interessen der USA als ein passables Schlachtfeld zu wahren, auf dem es sich dessen Bevölkerung, wenn sie ihren Volksvertretern nicht endlich in ihr schmutziges Handwerk pfuscht, wohl oder übel eine Ehre wird sein lassen müssen, die Rolle des verratenen und verkauften Schlachtviehs zu spielen.«

Tilman Krause
Geschichte ist die einzige Quelle

Für Deutschland in Cannes – ein Porträt des Berliner Filmemachers Oskar Roehler
Die Welt, 6. 5. 2000

Literatur kommt gut. Das internationale Kino lebt davon. Der Stoff, aus dem die Zelluloidträume sind, stammt immer öfter aus Romanen. John Irving und Jane Austen, Patricia Highsmith und Thomas Brussig: ihre Dienste werden von den Regisseuren gern in Anspruch genommen. Auch Deutschlands diesjähriger Mann in Cannes segelt mit seinem Festivalbeitrag »Die Unberührbare« auf dem Label der Literatur. Aber Oskar Roehler stützt sich nicht auf das Buch eines anderen. Seine Story holte er aus der Literaturgeschichte. Das liegt bei ihm nahe. Denn er ist ein Teil von ihr, eng verknüpft mit dem Aufstieg dessen, was man einst die »junge deutsche Literatur der Moderne« nannte. Beide erblickten das Licht der Welt im selben Jahr: Es gehört ja längst zur bundesrepublikanischen Mythologie, die Erfolgsgeschichte der Nachkriegsliteratur 1959 beginnen zu lassen. Uwe Johnsons »Mutmaßungen über Jacob« erschienen da, Heinrich Bölls »Billard um halb zehn« und eben jene »Blechtrommel«, deren Held denselben Vornamen trägt wie unser Protagonist: Oskar. Kein Wunder. Der Vater Klaus Roehler zeugte nicht nur den einen Oskar, er verhalf als Lektor und enger Freund von Günter Grass auch dem anderen bis zu einem gewissen Grade zum Leben. Gisela Elsner wiederum, die Mutter, war ebenfalls Schriftstellerin. Sie galt neben Ingeborg Bachmann als weiblicher Star unter Deutschlands Jungautoren der sechziger Jahre. Oskar, der Roehler, hat erfreulicherweise, anders als der Grasssche Namensvetter, sein Wachstum nicht mit drei Jahren eingestellt. Auch das Geräuschemachen, das Trommeln, Schreien,

Effektehaschen, ist seine Sache nicht – mehr, wollen wir mal sagen. Denn die Filme, mit denen er bekannt wurde, »Sylvester-Countdown« (1997) oder »Gierig« (1998), waren doch sehr szenig, flippig und in jenem »Zeitgeist-Ghetto« befangen, wie Roehler selber sagt, das nur diejenigen (sehr jungen) Menschen interessiert, die ihr Leben, wie die Figuren dieser Geschichten, vorwiegend mit *sex and drugs and rock'n'roll* zubringen.
Es ist wohl nicht übertrieben zu sagen, dass Oskar Roehler erst mit der »Unberührbaren«, diesem leisen, für deutsche Verhältnisse ungewöhnlich ernsten, ja ergreifenden Film, ganz zu sich selbst gefunden hat. Wobei das Charakteristische, Roehlersche nicht etwa in jener sentimentalen, noch dazu linksideologisch verbrämten Innerlichkeit liegt, mit der deutsche Filmemacher üblicherweise das Sujet einer Frau, die bei ihrem Aufbruch scheitert, behandeln. Nein, Roehlers Blick auf seine Figur ist gefühlvoller und zugleich distanzierter. Er lässt seiner Hanna Flanders, wie sie im Film heißt, lässt mit anderen Worten Hannelore Elsner, welche Gisela Elsner im Niedergang der neunziger Jahre spielt, das anrührend Fragile und Filigrane, das die aufmüpfige Großbürgertochter ausgezeichnet haben muss. Doch ihr weltfremder Negativismus, das Selbstzerstörerische dieser labilen Persönlichkeit wird nicht beschönigt. Ja, Roehler hat den Mut, eine Kunstfigur zu schaffen, mit allen Mitteln filmischer Künstlichkeit einen eigenen Kosmos herzustellen, der zwar an die streng schwarzweißen Seelenzergliederungen eines Ingmar Bergman erinnern mag, aber in seinem Vergnügen an Ornament und Detail, in seinem Verständnis für menschliche Selbstinszenierung und Rollenspiel ganz unprotestantisch ironisch, fast *camp* daherkommt.
Wie gelingt ein solcher Umgang mit der eigenen Mutter? »Zunächst einmal«, mutmaßt Roehler, »muss man natürlich wissen, dass sie eine Mutter im herkömmlichen Sinne gar nicht war.« Gisela Elsner, eine frühe Vertreterin der Selbstverwirklichungsidee, verließ ihren Mann und das dreijährige Kind schon 1962. Sie ging nach London, führte ein Jet-Set-Leben, bis sie so viele Schulden

hatte, dass sie nach Deutschland zurückkehren musste. Oskar sah sie erst wieder, als er zwölf war. Die Mutterstelle vertrat die Großmutter. Wenn Roehler erzählt, wie man ihn herumschubste, wie er mal beim Vater wohnte, dann wieder ins Internat abgeschoben wurde, denkt man unwillkürlich an den ebenfalls vierzigjährigen französischen Schriftsteller Michel Houellebecq und seine Abrechnung mit den libertinären Früh- und Spät-68ern in seinem Roman »Elementarteilchen«. Roehler, der das Buch kennt und schätzt, bestätigt Houellebecqs Diagnosen, rühmt auch dessen Versuch, den »wohlfeilen Zynismus« der westlichen Gesellschaften seit dem Zweiten Weltkrieg zu überwinden. So erbarmungslos mit den Eltern abrechnen wie Houellebecq will er selber aber nicht. Ist er einfach ein versöhnlicherer Typ? »Vielleicht. Zu verdammen fällt mir schwer.« Eher tendiere er dazu, sich den eigenen Verletzungen zu stellen. Als »Die Unberührbare« abgedreht war, hat er erst mal eine Analyse gemacht.
Andererseits weiß er als Künstler auch: Sein Leben ist das Material, mit dem er wuchern muss. Und da gibt's weiß Gott was zu wuchern. Wer ihn auf seine Eltern, ihr Zusammenleben und ihre Freunde anspricht, entfacht ein Feuerwerk an Anekdoten und Reflexionen. Nachdem er lange Jahre einen Bogen um die Beschäftigung mit der eigenen Geschichte gemacht hat, kann er ihr nun mit dem ganzen produktiven Fasziniertsein begegnen, das diese Geschichte verdient.
»Man muss sich ja nur einmal vorstellen«, holt er weit aus, befördert auf einmal auch die Hände aus der Jacketttasche, in die er sie sonst so gerne vergräbt, »man muss sich vorstellen, Gisela Elsner und Klaus Roehler bildeten so etwas wie das Zentrum der jungen Literatur der fünfziger, sechziger Jahre. Schon wie sie sich kennen gelernt haben, sie 17, er 24, im spießigen Nürnberg der spießigen fünfziger Jahre, das ist absolut romanesk. Eine deutsche Nathalie Wood trifft auf einen deutschen James Dean. Und gemeinsam wissen sie nie so recht, was sie tun. Dann werden sie das Traumpaar der Gruppe 47. Keine

Tagung, keine Party ohne Klaus und Gisela.« Aber richtig los geht's dann erst in Berlin.
Das kennt Oskar Roehler noch aus eigener Anschauung. Er selbst ist erstaunt, wie genau er sich an alles erinnert. Zu essen gab es damals, Mitte der sechziger Jahre, nur Bohnensuppe. Das war die Spezialität des Vaters. An langen Tafeln saß man und löffelte, sieben Tage die Woche, Bohnensuppe. Wenn man das satt hatte, ging man zum Grass, in die Niedstraße. Der machte dann zur Abwechslung ein Kartoffelfeuer. Auch Uwe Johnson wohnte um die Ecke. Handjerystraße, ebenfalls Berlin-Friedenau. Ingeborg Bachmann war oft zu Gast. Enzensberger schaute vorbei, brachte Gaston Salvatore mit. Günter Herburger tauchte auf, später Nicolas Born. Das Leben, eine Literaturkommune. Doch bald politisierte sich alles.
»1967 zogen Gudrun Ensslin und Andreas Baader zu uns. Mit ihnen kamen die Langhaarigen, die dumpf und stumpf in der Ecke saßen. Für mich als Kind ein großer Unterschied. Bisher hatten die Erwachsenen unheimlich viel geredet, jetzt schwiegen sie mehr. Auch die Musik änderte sich. Auf einmal waren die Doors angesagt. Wenn Grass auftauchte, drehte sich das Gespräch fast nur noch um Willy Brandt. Das »Wahlkontor« musste organisiert werden. Da konnten Baader, Meinhof und Ensslin natürlich nur müde lächeln. Sie haben später die RAF-Kasse im Zwischenboden über unserem Badezimmer deponiert. Da lagen – neben meinem ausrangierten Spielzeug – die Millionen, die sie beim Banküberfall erbeutet hatten, schön gestapelt in neutralen Umzugskartons. Bei Bedarf wurde ›abgehoben‹. Und ich musste mit 20 Pfennig Taschengeld auskommen. Zwei ganze Kaugummis konnte ich mir davon kaufen.«
Roehler lacht, wenn er das zum Besten gibt. Das Leben, eine Literaturkolportage, er kann es selbst nicht richtig glauben. Andererseits weiß er, wie er gelitten hat, vor allem unter den Alkoholexzessen des Vaters, später unter der destruktiven Energie seiner Mutter. »Warum konnte sie nicht freundlicher über

die Menschen schreiben«, entfährt es ihm plötzlich, »das gelang ihrem großen Vorbild Sinclair Lewis doch schließlich auch!« Jedenfalls sei er durchaus einverstanden gewesen, als plötzlich die Großeltern mütterlicherseits auftauchten. Sie waren auf Geschäftsreise in Berlin. In einer Nacht-und-Nebel-Aktion ließen sie ihren Chauffeur das Kind »entführen«, Sorgerecht war ja dem verlassenen Vater zugesprochen worden. Der Fahrer kutschierte den Neunjährigen ins »Kempinski«. »Da kannst du nicht bleiben«, schärften ihm Großmama und Großpapa ein. Die Kolportage geht weiter, *goodbye to Berlin.*

Inzwischen erweitert sich Roehlers Interesse an der eigenen Familie auch auf die Personen, die er nur flüchtig kennt. Was aus dem Nachlass der Mutter, die sich 1992 das Leben nahm, und des Vaters, der zu Beginn dieses Jahres starb, auf ihn kam, hat eine eigene Wohnung erhalten. Roehler, der sich vor kurzem in der Nähe des Zionskirchplatzes am Prenzlauer Berg angesiedelt hat, lebt in der vierten Etage. Archiv und Arbeitszimmer befinden sich in der ersten. »Die Roehler-Saga«, wie er sie nennt, ist noch lange nicht ausgeschöpft. Die zwei Bücher, die er geschrieben hat, seit »Die Unberührbare« abgedreht ist, entfernen sich zwar wieder vom Familienstoff, obwohl das Aufarbeiten der eigenen Kindheit mit diesmal gutem Ausgang wieder Thema ist. Aber für die fernere Zukunft ist eine Rückkehr zur eigenen Geschichte geplant.

Auch die Roehlers spiegeln deutsche Geschichte im 20. Jahrhundert. Deren Aufarbeitung darf man, so Oskar Roehler, nicht den Schlöndorffs und anderen politisch Korrekten überlassen. Die seien zu sehr von der Dynamik des Generationenkonfliktes erfasst, vergäßen über ihrem Bemühen um Neuanfang die Geschichte. »Dabei ist die Geschichte die einzige Quelle, aus der du schöpfen kannst, als Kollektiv und als Individuum.« Roehler hat es am eigenen Leib erfahren, unter Schmerzen. Aber er hat diese Schmerzen fruchtbar gemacht für den schönsten deutschen Film seit vielen, vielen Jahren.

ABSPANN

Filmographien

HANNA FLANDERS .... Hannelore Elsner
BRUNO .... Vadim Glowna
RONALD .... Tonio Arango
JOACHIM .... Michael Gwisdek
DIETER .... Bernd Stempel
BOUTIQUE-INHABERIN .... Birgit Stein
MERET .... Jasmin Tabatabai
HANNAS VATER .... Charles Regnier
HANNAS MUTTER .... Helga Göhring
VIKTOR .... Lars Rudolph
CARMEN .... Claudia Geisler
ISABELLE .... Catherine Flemming
ÄGYPTER .... Faroque Khan
GRETE .... Nina Petri
ALFONS .... Thomas Bading
CLAUDI .... Gunda Ebert
HORST .... Norman Schenk
IRENE .... Christine Harbort
DIETMAR .... Reinhard Scheunemann

BUCH UND REGIE .... Oskar Roehler
PRODUKTIONSFIRMA .... Distant Dreams
COPRODUKTION .... Geyer Werke Berlin, ZDF
PRODUZENTEN .... Käte Ehrmann, Ulrich Caspar
LÄNDERFÖRDERUNG .... Filmboard Berlin-Brandenburg,
.... Film-Fernsehfonds Bayern
PRODUKTIONSLEITUNG .... Martin Schlüter
KAMERA .... Hagen Bogdanski
KAMERAASSISTENZ .... Nicolay Gutscher
PRODUKTIONSASSISTENZ .... Janine Gensheimer
REGIEASSISTENZ .... Bodhan Graxzyk

HERSTELLUNGSLEITUNG .... Käte Ehrmann
SCRIPT .... Ires Jung
AUFNAHMELEITUNG .... Fred Kuhaupt
CASTING .... Ana Davila
CUTTERIN .... Isabel Meier
TON .... Manfred Banach
SZENEBILDER .... Birgit Kniep
AUSSENREQUISITE .... Nelja Stump
INNENREQUISITE .... Martina Brünner
THEATERMALERIN .... Klaudia Gössel
KOSTÜMBILDNER .... Tabea Braun
GARDEROBE .... Gitti Fuchs
MUSIK .... Martin Todsharov

HANNELORE ELSNER .... (HANNA FLANDERS)

Hannelore Elsner ist eine der bedeutendsten deutschen Schauspielerinnen. Sie wurde in Burghausen in Bayern geboren und wuchs in München auf. Nach dem Besuch der Schauspielschule spielte sie Theater in München und Berlin, u. a. an den Münchner Kammerspielen in Dieter Giesings Inszenierung von Mrozeks ›Tango‹ (1966). In den siebziger Jahren wurde sie zu einer der Hauptprotagonistinnen des deutschen Autorenfilms und spielte für Edgar Reitz (›Die Reise nach Wien‹, 1973), Alf Brustellin (›Berlinger‹, 1975, ›Der Sturz‹, 1979) oder Heide Genée (›Grete Minde‹, 1979) sowie in internationalen Produktionen, u. a. in István Szábos ›Der grüne Vogel‹ (1979). Für ihre Fernsehrollen erhielt sie zahlreiche Preise, u. a. die Goldene Kamera für ›Iwanow‹ (1972) und die Silberne Nymphe von Monte Carlo für ›Elsa‹ (1991). 1994 machte sie als erste Frau, die in einer deutschen Krimi-Serie die Hauptrolle spielt, Furore. ›Die Kommissarin‹ ist bis heute eine der populärsten Serien des deutschen Fernsehens. Hannelore Elsner wurde dafür 1995 mit dem Telestar ausgezeichnet. 1998 erhielt sie das Bundesverdienstkreuz. Höchstes Kritikerlob erfuhr Hannelore Elsner auch für ihre Hörbücher, z. B. für die Lesung von Ann Sextons ›Verwandlungen‹ oder Olga Knippers Briefen an Anton Tschechow (voices editionen). Für die Rolle der Hanna Flanders in ›Die Unberührbare‹ wurde sie mehrfach ausgezeichnet, u. a. mit dem Deutschen Filmpreis, dem Deutschen Kritikerpreis, dem Bayerischen Filmpreis, dem Deutschen Videopreis, dem Preis für die beste Hauptdarstellerin auf den Filmfestivals von Chicago und Istanbul.

FILMOGRAPHIE .... (AUSWAHL)

1962 .... Die endlose Nacht (Will Tremper)
1963 .... Ein Alibi zerbricht (Alfred Vohrer)

1968 ... Die Lümmel von der ersten Bank (Werner Jacobs)
1970 Die Herren mit der weißen Weste (Wolfgang Staudte)
1971 .... Iwanow (TV, Oswald Döpke)
1972 . Der Stoff, aus dem die Träume sind (Alfred Vohrer)
1973 .... Die Reise nach Wien (Edgar Reitz)
1975 .. Berlinger – Ein deutsches Abenteuer (Alf Brustellin und Bernhard Sinkel)
1977 .... Grete Minde (Heidi Genee)
1979 .... Der Sturz (Alf Brustellin)
1979 .... Der grüne Vogel (István Szábo)
1983 .... Peggy hat Angst (TV, Wolfgang Becker)
1985 .... Marie Ward (Angelika Weber)
1986 .... Kaminsky (Michael Lähn)
1990 .... Der achte Tag (Reinhard Münster)
1991 .... Elsa (TV, Hartmut Griesmayr)
1996 ..... Das Mädchen Rosemarie (TV, Bernd Eichinger)
1997 .... Andrea und Marie (TV, Martin Enlen)
1998 ..... Kai Rabe gegen die Vatikankiller (Thomas Jahn)
1999 .. Ich schenk Dir meinen Mann (TV, Karola Hattop)
2000 .... DIE UNBERÜHRBARE

VADIM GLOWNA .... (BRUNO)

Vadim Glowna, einer der vielseitigsten deutschen Schauspieler und Filmemacher, ist Jahrgang 1941. Von der Schauspielschule weg wurde er von Gustaf Gründgens für das Hamburger Schauspielhaus engagiert. Anschließend spielte Glowna Theater bei Zadek und Minks in München, Berlin und Bremen. Gleichzeitig war der Schauspieler auch in zahlreichen Film- und Fernsehrollen zu sehen. 1981 gelang ihm mit seinem Regie-Debüt »Desperado City« sofort der internationale Durchbruch. Der Film bekam bei den Filmfestspielen in Cannes die »Camera d'or«.

FILMOGRAPHIE .... (AUSWAHL)

1968 .... Liebe und so weiter (George Moorse)
1976 .... Steiner – das Eiserne Kreuz (Sam Peckinpah)
1977 .... Der Hauptdarsteller (Reinhard Hauff)
1977 ... Deutschland im Herbst (Brustellin/Sinkel/Fassbinder/Kluge/Reitz/Schlöndorff)
1977 .... Gruppenbild mit Dame (Aleksander Petrovic)
1978 .... Der Schneider von Ulm (Edgar Reitz)
1979 Death Watch – Der gekaufte Tod (Bertrand Tavernier)
1980 .... Desperado City (Buch, Regie, Darsteller)
1982 .... Dies rigorose Leben (Buch, Regie)
1983 .... Ediths Tagebuch (Hans W. Geissendörfer)
1984 .... Tschechow in meinem Leben (Buch, Regie)
1986 .... Tarot (Rudolf Thome)
1986 ...... Des Teufels Paradies (Buch, Produktion, Regie)
1989 .... Schimanski Blutspur (TV, Werner Masten)
1991 .... Der Brocken (Regie)
1992 .... Die Lügnerin (Siegfried Kühn)
1993 .... Hörigkeit des Herzens (Carlo Rola)
1994 .... 1945 (Peter Patzak)
1997 ..... Dies verlauste nackte Leben (H.C. Blumenberg)
2000 .... DIE UNBERÜHRBARE

MICHAEL GWISDEK .... (JOACHIM)

Geboren 1942 in Berlin, begann Gwisdek seine Karriere mit einem Fernstudium für Regie am Leipziger Theaterinstitut. Nach Engagements an verschiedenen DDR-Theatern war er 1968 zum erstenmal auf der Leinwand zu sehen – in einer Nebenrolle als Cowboy in dem DEFA-Indianerfilm »Spur des Falken«. Als einer der wenigen DDR-Schauspieler durfte Michael Gwisdek in den 70er und 80er Jahren auch in Filmen westdeutscher Regisseure (Bernhard Wicki und Hark Bohm) mitarbeiten. 1988 debütierte Gwisdek mit »Treffen in Travers« als Regisseur. Der Film verhalf ihm gleich zu internationalem Renommee. Seitdem arbeitet Michael Gwisdek sowohl vor als auch hinter der Kamera. Für seine Rolle in Andreas Dresens »Nachtgestalten« wurde er bei den Berliner Filmfestspielen 1998 mit einem Silbernen Bären ausgezeichnet.

FILMOGRAPHIE .... (AUSWAHL)

1974 .... Mein lieber Mann und ich (Klaus Gendries)
1975 .... Mann gegen Mann (Kurt Maetzig)
1980 .... Jadup und Boel (Rainer Simon)
1982 .... Olle Henry (Ulrich Weiß)
1983 .... Ärztinnen (Horst Seemann)
1984 .... Hälfte des Lebens (Hermann Zschoche)
1984 Der Fall Bachmeier – Keine Zeit für Tränen (Hark Bohm)
1986 .... Der kleine Staatsanwalt (Hark Bohm)
1987 .... Der Werwolf von W. (Manfred Müller)
1987 ... Sansibar oder Der letzte Grund (Bernhard Wicki)
1988 .... Treffen in Travers (Buch, Regie)
1988 .... Coming Out (Heiner Carow)
1989 .... Pestalozzis Berg (Peter von Gunten)
1989 .... Herzlich Willkommen (Hark Bohm)
1990 .... Der Tangospieler (Roland Gräf)

1990 ... Das Heimweh des Walerjan Wrobel (Rolf Schübel)
1991 .... Der Verdacht (Frank Beyer)
1991 .... Die Spur des Bernsteinzimmers (Roland Gräf)
1994 .... Abschied von Agnes (Buch, Regie, Darsteller)
1994 .... Wachtmeister Zumbühl (Urs Odermatt)
1995 .... Die Tote von Amelang (TV, Hajo Gies)
1996 .... Gefährliche Freundin (Hermine Huntgeburth)
1997 ... Das Mambospiel (Buch, Regie, Schnitt, Darsteller)
1998 .... Nachtgestalten (Andreas Dresen)
2000 .... DIE UNBERÜHRBARE

HELGA GÖHRING .... (HANNAS MUTTER)

Die Schauspielerin wurde 1922 in Meißen geboren und gehörte zu den populärsten Film- und Fernsehschauspielerinnen der DDR. Helga Göhring ist achtmal zur beliebtesten TV-Darstellerin gewählt worden. Neben ihrer Film-Karriere verkörperte sie nahezu alle großen Frauen-Rollen der klassischen Theater-Literatur auf der Bühne. Seit der »Wende« ist Helga Göhring vor allem in TV-Serien mit von der Partie. 1996 beeindruckte sie zusammen mit Lars Rudolph in Karsten Laskes »Edgar«.

FILMOGRAPHIE .... (AUSWAHL)

1951 .... Das verurteilte Dorf (Martin Hellberg)
1954 .... Stärker als die Nacht (Slatan Dudow)
1954 .... Zwei Mütter (Frank Beyer)
1956 .... Schlösser und Katen (Kurt Maetzig)
1957 .... Berlin – Ecke Schönhauser (Gerhard Klein)
1962 ..... Arsen und alte Spitzen (TV, Kurt Jung-Ahlsen)

1972 .... Die große Reise der Agathe Schweigert (TV, Joachim Kunert)
1975 .... Einsame Menschen (TV, Thomas Langhoff)
1977-87 .... Rentner haben niemals Zeit (TV-Serie)
1983 .... Eine nette Person (TV, Günter Friedrich)
1991 .... Linda (TV, Ottokar Runze)
1994 .... Herz aus Stein (Nicos Ligouris)
1996 .... Edgar (Karsten Laske)
1998 ..... Gregors größte Erfindung (TV, Johannes Kiefer)
2000 .... DIE UNBERÜHRBARE

CHARLES REGNIER .... (HANNAS VATER)

Der Grandsigneur des deutschen Films und Theaters, 1915 in Freiburg (Schweiz) geboren, begann seine Laufbahn als Schauspieler am Theater in Greifswald. 1941 holte ihn Otto Falckenberg an die Münchner Kammerspiele. Es folgten Engagements an zahlreichen namhaften Bühnen, vom Wiener Burgtheater bis zum Schauspielhaus Zürich. Charles Regnier ist seit den 50er Jahren auf der Leinwand vor allem für die Verkörperung polyglotter Charaktere zuständig. Er hat in über 80 Filmen mitgewirkt und dabei, wie kaum ein anderer deutscher Schauspieler, alle Entwicklungsstadien des bundesdeutschen Films seit 1945 mitgestaltet: von Zeitkritischem (»Der Ruf«), über Melos (»El Hakim«), Krimis (»Das Testament des Dr. Mabuse«), Komödien (»Die Ente klingelt um 1/2 Acht«) bis zu Literaturverfilmungen (»Fabian«) und neudeutschen Actionfilmen (»Cascadeur«). Regnier machte sich auch als Übersetzer von Cocteau, Simenon, Giraudoux und Somerset Maugham einen Namen.

FILMOGRAPHIE .... (AUSWAHL)

1949 .... Der Ruf (Josef von Baky)
1952 .... Ich heiße Niki (Rudolf Jugert)
1955 .... Alibi (Alfred Weidenmann)
1956 .... Heute heiratet mein Mann (Kurt Hoffmann)
1957 .... El Hakim (Rolf Thiele)
1958 .... Taiga (Wolfgang Liebeneiner)
1961 .... Affäre Nina B. (Robert Siodmak)
1961 .... Die Ehe des Herrn Mississippi (Kurt Hoffmann)
1961 .... Julia, du bist zauberhaft (Alfred Weidenmann)
1962 .... Das Testament des Dr. Mabuse (Werner Klingler)
1963 .... Moral 63 (Rolf Thiele)
1963 .... Ein Alibi zerbricht (Alfred Vohrer)
1964 .... Angélique (Bernard Boderie)
1964 .... DM-Killer (Rolf Thiele)
1965 .... Schüsse im 3/4 Takt (Alfred Weidenmann)
1966 .... Grieche sucht Griechin (Rolf Thiele)
1968 .... Die Ente klingelt um 1/2 Acht (Rolf Thiele)
1974 .... Der Steppenwolf (Fred Haines)
1979 .... Fabian (Wolf Gremm)
1983 .... Ein Mann wie Eva (Radu Gabrea)
1987 Der Passagier – Welcome to Germany (Thomas Brasch)
1996 .... Angeschlagen (Matti Geschonneck)
1998 ... Cascadeur – Die Jagd nach dem Bernsteinzimmer (Hary Martins)
2000 .... DIE UNBERÜHRBARE

TONIO ARANGO .... (RONALD)

Tonio Arango, eine der markantesten Schauspielerpersönlichkeiten der jüngeren Generation in der Bundesrepublik, konnte sich in der Luc-Bondy-Inszenierung von Shakespeares »Wintermärchen« ebenso profilieren wie unter der Regie von Peter Stein in »Roberto Zucco«. Im Fernsehen war er u.a. in Urs Eggers Zweiteiler »Opernball« sowie in den Serien »Tatort«, »Balko« und »Der Fahnder« zu sehen.

FILMOGRAPHIE .... (AUSWAHL)

1993 .... Alles auf Anfang (Reinhard Münster)
1998 .... Fisimatenten (Jochen Kuhn)
1999 .... Alles Bob (Otto Alexander Jahrreiss)
2000 .... DIE UNBERÜHRBARE

CATHERINE FLEMMING .... (ISABELLE)

Catherine Flemming, gebürtige Berlinerin, Jahrgang 1967, absolvierte ihre Schauspielausbildung an der Hochschule für Film und Fernsehen »Ernst Busch« in Berlin und bei Lee Strasberg in New York. Seit 1994 ist sie vor allem in Fernseh-Produktionen präsent.

FILMOGRAPHIE .... (AUSWAHL)

1994 .... Private Dancer (TV, Imo Moszkowicz)
1995 .... Rohe Ostern (Michael Gutmann)
1996 .... Der rote Schakal (TV, Hajo Gies)
1997 ..... Hunger – Sehnsucht nach Liebe (Dana Vávrová)

1998 .... Mein Fleisch und Blut (TV, Käthe Niemeyer)
2000 .... DIE UNBERÜHRBARE

LARS RUDOLPH .... **(VIKTOR)**

Lars Rudolph ist einer der momentan wichtigsten jungen Charakterdarsteller des deutschen Films der Gegenwart. Der 1966 geborene Sohn eines Fregattenkapitäns begann seine erste Karriere 1986 als Trompeter, Sänger und Gitarrist der Rockbands »Kixx« und »STAN RED FOX«. Nach einer Schauspielerausbildung in Berlin engagierte ihn 1994 Christoph Schlingensief für die Theaterproduktion »Kühnen '94 oder bring mir den Kopf von Adolf Hitler«. Im selben Jahr stand Rudolph bei dem Film »Flirt« von Hal Hartley vor der Kamera. 1997 erhielt er den *Max Ophüls Preis* für seine Darstellung der Titelrolle des Films »Edgar«.

FILMOGRAPHIE .... **(AUSWAHL)**

1994 .... Flirt (Hal Hartley)
1996 .... Edgar (Karsten Laske)
1997 .... Not a Love Song (Jan Ralske)
1998 .... Unschuld der Krähen (TV, Horst Szerba)
1998 .... Der Strand von Trouville (Michael Hofmann)
1998 .... Lola rennt (Tom Tywker)
1998 .... Fette Welt (Jan Schütte)
1998 .... Die Siebtelbauern (Stefan Ruzowitzky)
2000 .... DIE UNBERÜHRBARE

JASMIN TABATABAI .... (MERET)

Jasmin Tabatabai wurde als Tochter einer Deutschen und eines Iraners 1967 in Teheran geboren. Nach dem Besuch der Stuttgarter Musikhochschule war sie zunächst Musikerin in der Band »Even Cowgirls get the Blues«. Auf der Leinwand debütierte Jasmin Tabatabai 1991 in Urs Eggers »Kinder der Landstraße«. Nach »Gierig« spielte sie in DIE UNBERÜHRBARE zum zweitenmal unter der Regie von Oskar Roehler.

FILMOGRAPHIE .... (AUSWAHL)

1991 .... Kinder der Landstraße (Urs Egger)
1991 ...... Dann eben mit Gewalt (TV, Rainer Kaufmann)
1994 .... Zaubergirl (TV, Vivian Naefe)
1994 .... Lemgo (TV, Jörg Gründler)
1995 .... Die Mediocren (Matthias Glasner)
1996 .... Die Putzfraueninsel (Peter Timm)
1996 .... Bandits (Katja von Garnier)
1997 .... Verspielte Nächte (Angeliki Antoniou)
1998 .... Gierig (Oskar Roehler)
1999 .... Late Show (Helmut Dietl)
2000 .... DIE UNBERÜHRBARE

NINA PETRI .... (GRETE)

Die vielbeschäftigte Nina Petri stand in Köln, Castrop-Rauxel und Heilbronn auf der Bühne, bevor sie den Schwerpunkt ihrer Arbeit auf Film und Fernsehen legte. Nachdem Nina Petri bereits in diversen Filmen mitgewirkt hatte, machte sie 1993 die Titelrolle in Tom Tykwers Debüt »Die tödliche Maria« einem großen Publikum bekannt.

FILMOGRAPHIE .... (AUSWAHL)

1989 .... Rote Erde (TV, Klaus Emmerich)
1991 .... Leise Schatten (Sherry Hormann)
1991 .... Happy Birthday, Türke (Doris Dörrie)
1991 .... Allein unter Frauen (Sönke Wortmann)
1993 .... Die tödliche Maria (Tom Tykwer)
1993 .... Ich und Christine (Peter Stripp)
1997 .... Der König von St. Pauli (TV, Dieter Wedel)
1997 .... Zugvögel (Peter Lichtefeld)
1998 .... Lola rennt (Tom Tykwer)
1998 .... Bin ich schön? (Doris Dörrie)
1999 .... Bis zum Horizont und weiter (Peter Kahane)
2000 .... DIE UNBERÜHRBARE

BIRGIT STEIN .... (BOUTIQUE-INHABERIN)

Die Schauspielerin Birgit Stein hat nicht nur bei Lee Strasberg in New York Schauspielerunterricht genommen, sondern sich auch in Streetfight, Schwertkampf und Reiten unterrichten lassen. In den letzten Jahren war Birgit Stein in zahlreichen Film- und Fernsehproduktionen zu sehen.

FILMOGRAPHIE .... (AUSWAHL)

1994 .... Amoklauf (Uwe Boll)
1995 .... Keiner liebt mich (Doris Dörrie)
1996 .... Das erste Semester (Uwe Boll)
1997 .... Ballermann 6 (Gernot Roll)
1998 Citizens of perpetual indulgence (Alex Monty Cavanati)
1998 .... Radicchio Rosso (Andrea Galante)
2000 .... DIE UNBERÜHRBARE

CLAUDIA GEISLER .... (CARMEN)

Claudia Geisler – Jahrgang 1966 – hat von 1986 bis 1990 die Hochschule für Schauspielkunst »Ernst Busch« in Berlin besucht. Seit 1991 gehört die begabte Schauspielerin zum Ensemble des Deutschen Theaters Berlin. Im Kino machte Claudia Geisler zum erstenmal 1992 in der Hauptrolle in Helke Misselwitz' »Herzsprung« auf sich aufmerksam.

FILMOGRAPHIE .... (AUSWAHL)

1992 .... Herzsprung (Helke Misselwitz)
1993 .. Ein Kerl wie Samt und Seide (TV, Bodo Firneisen)
1994 .... Faust (TV, Roland Gräf)
1995 .... Doppelter Einsatz (TV, Andy Bausch)
1995 .... Quartett zu fünft (TV, Roland Gräf)
1996 .... Tanz auf dem Vulkan (TV, Günter Scholz)
2000 .... DIE UNBERÜHRBARE

OSKAR ROEHLER .... (BUCH UND REGIE)

Oskar Roehler wurde 1959 als Sohn der Schriftstellerin Gisela Elsner und des Schriftstellers Klaus Roehler geboren. Er wuchs in London, Rom und Nürnberg auf. Seit Anfang der 80er Jahre lebt Roehler in Berlin, arbeitete zunächst als freier Journalist und Autor. 1984 erschien bei Luchterhand der Erzählband »Das Abschnappuniversum«. Seine Filmkarriere begann Oskar Roehler als Drehbuch-Autor.
Für den Film »Die Unberührbare« wurde Oskar Roehler u.a. ausgezeichnet mit dem Deutschen Filmpreis, dem Deutschen Kritikerpreis, beim Filmfestival in Rotterdam, dem Miami Filmfestival und dem Istanbul Filmfestival.

FILMOGRAPHIE .... (AUSWAHL)

1991 Deutschfieber (Co-Drehbuch; Regie: Niklaus Schilling)
1992 .... Terror 2000 (Co-Drehbuch; Regie: Christoph Schlingensief)
1995 .... Ex (Drehbuch; Regie: Mark Schlicher)
1995 .... United Trash (Drehbuch)
1995 .... Hard (Dokumentarfilm)
1996 ...... Gentleman (Buch, Regie, Produktion, Schnitt)
1996 .... Die 120 Tage von Bottrop (Co-Drehbuch; Regie: Christoph Schlingensief)
1997 .... Silvester Countdown (Buch, Regie)
1998 .... Gierig (Buch, Regie)
1998 .... Latin Lovers (TV, Buch, Regie)
2000 .... DIE UNBERÜHRBARE (Buch, Regie)

HAGEN BOGDANSKI .... (KAMERA)

Hagen Bogdanski (Jahrgang 1965) ist gebürtiger Berliner. Nach seinem Studium an der Berliner Hochschule für Fotografie war er zunächst Kameraassistent u.a. bei Xaver Schwarzenberger, Gernot Roll, Jürgen Jürges, David Watkin, Paul Wilson und Bruno de Keyer. Inzwischen hat sich Hagen Bogdanski als einer der kreativsten und vielseitigsten deutschen Kameramänner einen Namen gemacht. DIE UNBERÜHRBARE ist das zweite gemeinsame Projekt mit Oskar Roehler.

FILMOGRAPHIE .... (AUSWAHL)

1994 .... Mein lieber Mann (Eva-M. Bahlrühs)
1995 .... Spur der roten Fässer (Kai Wessel)
1995 .... Anna's Fluch (TV, Uwe Janson)
1996 .... Koma (TV, Uwe Janson)
1997 .... Schutzengel (TV, Uwe Janson)
1997 .... Kidnapping Mom & Dad (TV, Kai Wessel)
1998 .... Polizeiruf 110 – Hetzjagd (TV, Ute Wieland)
1998 ... Pivo, Panique a Munich (TV, Gabriele Heberling)
1998 .... Gierig (Oskar Roehler)
2000 .... DIE UNBERÜHRBARE

KÄTE EHRMANN .... (PRODUKTION)

Die »Distant Dreams Filmproduktion« wurde 1998 von Käte Ehrmann und Ulrich Caspar gegründet. Seit 1989 hat Käte Ehrmann als Mitgesellschafterin und Geschäftsführerin der TRANS FILM GmbH 19 Filme produziert. Dabei betreute sie in erster Linie die Arbeiten von Nachwuchs-Regisseuren, die auf zahlreichen internationalen Filmfestivals mit großem Erfolg gezeigt wurden. 1994 produzierte Käte Ehrmann Pepe Danquarts »Oscar«-preisgekrönten Kurzfilm »Schwarzfahrer«. Die neue Gesellschaft »Distant Dreams« hat ebenfalls den Anspruch, die Produktion von Filmen auf hohem künstlerischen Niveau zu fördern.

FILMOGRAPHIE .... (AUSWAHL)

1990 .... Die Blaue Stunde (Marcel Gisler)
1991 .... Sommer in Mezra (Hussi Kutlucan)
1991 .... Vaterland (Uli M. Schüppel)
1992 .... Der große Postraub (Sandor Söth)
1992 . Frankie, Johnny und die Anderen (Hans-Erich Viet)
1993 .... Schwarzfahrer (Pepe Danquart)
1994 ..... Emil und der kleine Skundi (Thorstein Jonsson)
1996 .... Kardeslar-Geschwister (Thomas Arslan)
1997 .... Der Strand von Trouville (Michael Hofmann)
1998 .... Dealer (Thomas Arslan)
2000 .... DIE UNBERÜHRBARE

Alle Filmographien, außer der zu Hannelore Elsner, stammen aus dem Presseheft des Advanced Filmverleih.

Preisgekrönt. Jetzt auf DVD VIDEO ™
"Seit Fassbinder das Beste im deutschen Film, mit Hannelore Elsner in der Rolle ihres Lebens." (ZDF-Aspekte)
Deutscher Filmpreis 2000 in Gold in den Kategorien Bester Spielfilm und Beste Hauptdarstellerin (Hannelore Elsner)
HANNELORE ELSNER
·e-m-s The DVD-Company
UNBERÜHRBARE
www.e-m-s.de
auch auf VHS
einfach mehr drauf
·e-m-s
The DVD-Company.